Alto desempenho

10 LEITURAS ESSENCIAIS
Harvard Business Review

Alto desempenho

Os melhores artigos da **Harvard Business Review** para desenvolver seu potencial, otimizar seu tempo e liderar uma equipe de ótima performance

Título original: *HBR's 10 Must Reads: On High Performance*

Copyright © 2022 por Harvard Business School Publishing Corporation
Copyright da tradução © 2023 por GMT Editores Ltda.

Publicado mediante acordo com Harvard Business Review Press.
Todos os direitos reservados. Nenhuma parte deste livro pode ser utilizada ou reproduzida sob quaisquer meios existentes sem autorização por escrito dos editores.

tradução
Marcelo Schild Arlin

preparo de originais
Priscila Cerqueira

revisão
Ana Grillo e Luis Américo Costa

diagramação e adaptação de capa
Ana Paula Daudt Brandão

impressão e acabamento
Associação Religiosa Imprensa da Fé

CIP-BRASIL. CATALOGAÇÃO NA PUBLICAÇÃO
SINDICATO NACIONAL DOS EDITORES DE LIVROS, RJ

A469

Alto desempenho / [K. Anders Ericsson ... [et al.] ; tradução Marcelo Schild]. - 1. ed. - Rio de Janeiro : Sextante, 2023.
176 p. ; 23 cm. (Harvard : 10 leituras essenciais)

Tradução de: HBR's 10 must reads: On high performance
ISBN 978-65-5564-609-2

1. Liderança. 2. Sucesso nos negócios. 3. Desempenho. I. Ericsson, K. Anders. II. Schild, Marcelo. III. Série.

23-82393

CDD: 658.4092
CDU: 005.322:316.46

Meri Gleice Rodrigues de Souza - Bibliotecária - CRB-7/6439

Todos os direitos reservados, no Brasil, por
GMT Editores Ltda.
Rua Voluntários da Pátria, 45 – Gr. 1.404 – Botafogo
22270-000 – Rio de Janeiro – RJ
Tel.: (21) 2538-4100 – Fax: (21) 2286-9244
E-mail: atendimento@sextante.com.br
www.sextante.com.br

Sumário

1. De que é feito um especialista   7
   K. Anders Ericsson, Michael J. Prietula e Edward T. Cokely

2. Gestão de si mesmo   20
   Peter F. Drucker

3. Você tem alto potencial?   40
   Douglas A. Ready, Jay A. Conger e Linda A. Hill

4. Como se tornar indispensável   53
   John H. Zenger, Joseph R. Folkman e Scott K. Edinger

5. Como tirar proveito dos seus pontos fortes   70
   Laura Morgan Roberts, Gretchen Spreitzer, Jane Dutton, Robert Quinn, Emily Heaphy e Brianna Barker Caza

6. O poder das pequenas vitórias   83
   Teresa M. Amabile e Steven J. Kramer

7. Nove coisas que pessoas de sucesso fazem diferente   103
   Heidi Grant

8. Encontre tempo para o trabalho que importa   108
   Julian Birkinshaw e Jordan Cohen

9. Não deixe sua expertise cegar você   119
   Sydney Finkelstein

10. Atenção plena na era da complexidade   128
    Ellen Langer e Alison Beard

11. A liderança primordial   139
    Daniel Goleman, Richard E. Boyatzis e Annie McKee

BÔNUS
A maneira certa de desenvolver novos hábitos   161
   James Clear e Alison Beard

Autores   173

1
De que é feito um especialista

K. Anders Ericsson, Michael J. Prietula e Edward T. Cokely

HÁ TRINTA ANOS, DOIS EDUCADORES HÚNGAROS, László e Klara Polgár, desafiaram a popular premissa de que mulheres não têm sucesso em áreas que exigem raciocínio espacial, como o xadrez. Eles queriam demonstrar o poder da educação. Os Polgárs educaram as três filhas em casa e, como parte do plano de ensino, iniciaram as meninas no jogo de xadrez desde muito novas. O treino sistemático e a prática diária deram resultado. Em 2000, as três estavam classificadas no ranking das 10 melhores enxadristas femininas do mundo. A mais jovem, Judit, tornou-se Grande Mestra aos 15 anos, quebrando o recorde anterior de pessoa mais jovem a obter o título, que era de Bobby Fischer, por um mês.

Hoje Judit é uma das maiores enxadristas do mundo e já derrotou quase todos os melhores jogadores do sexo masculino.

Não foi somente o senso comum sobre a diferença de expertise entre homens e mulheres que começou a ruir. Em 1985, Benjamin Bloom, professor de educação na Universidade de Chicago, publicou um livro que se tornou um marco, *Developing Talent in Young People* (Desenvolvendo o talento em jovens), no qual examinava os fatores críticos que contribuem para o talento. Ele analisou retrospectivamente a infância de 120 experts que venceram competições ou prêmios nacionais em áreas que iam de música e artes até matemática e neurologia. Para sua surpresa, não encontrou nenhum indicador que pudesse ter previsto desde muito cedo o sucesso daqueles virtuoses. Pesquisas subsequentes confirmaram não haver nenhuma correlação entre QI e desempenho extraordinário em áreas como xadrez, música, esportes e medicina. As únicas diferenças inatas que se revelaram importantes – principalmente nos esportes – são altura e compleição.

Portanto, o que *de fato* determina o sucesso? Um fator fica muito claro no trabalho de Bloom: os anos de desenvolvimento de todos aqueles indivíduos de desempenho excepcional foram marcados por prática intensa, professores dedicados e apoio entusiasmado de seus familiares. Pesquisas posteriores baseadas no estudo pioneiro de Bloom revelaram que a quantidade e a qualidade da prática eram fatores cruciais no nível de especialização que as pessoas alcançavam. Os resultados demonstravam de modo consistente e inquestionável que *tornar-se um especialista é uma construção; eles nunca nascem assim*. Tais conclusões se baseiam em pesquisas rigorosas, verificáveis e reproduzíveis. A maioria foi compilada no *The Cambridge Handbook of Expertise and Expert Performance*, publicado em 2006 pela Cambridge University Press e editado por K. Anders Ericsson, coautor deste artigo. O guia de mais de 900 páginas inclui contribuições de mais de 100 cientistas proeminentes que estudaram expertise e alto desempenho em uma vasta gama de domínios: cirurgia, teatro, xadrez, escrita, informática, balé, música, aviação e muitos outros.

A jornada para um desempenho fenomenal não é para pessoas de coração fraco nem para os impacientes. A especialização genuína exige esforço, sacrifício e autoavaliação honesta e, com frequência, dolorosa. Não existem atalhos. Atingir a excelência leva pelo menos uma década, e é preciso investir esse tempo com sabedoria, engajando-se na prática de tarefas além do seu nível atual de competência e conforto. Você precisará de um bom instrutor não somente para orientá-lo nessa prática, mas também para lhe ensinar a treinar a si mesmo. Acima de tudo, se deseja alcançar o desempenho máximo como gestor e líder, precisa esquecer o folclore em torno da genialidade que leva muitas pessoas a pensar que é impossível desenvolver excelência a partir de uma abordagem científica. Estamos aqui para ajudar você a desconstruir esses mitos.

Vamos começar nossa história com um pouco de vinho.

O que é um especialista?

Em 1976 ocorreu um evento fascinante conhecido como "Julgamento de Paris". Os proprietários ingleses de uma loja de vinhos em Paris organizaram uma degustação às cegas na qual nove *sommeliers* franceses davam notas para vinhos franceses ou californianos – 10 brancos e 10 tintos. Os resultados chocaram o mundo da degustação: os vinhos da Califórnia receberam as maiores pontuações do júri. Durante a prova, os especialistas várias vezes confundiram vinhos americanos com franceses e vice-versa. Isso foi ainda mais surpreendente.

Duas premissas foram desafiadas naquele dia. A primeira diz respeito à superioridade até então inquestionada dos vinhos franceses em relação aos americanos. Mas o desafio à segunda – a premissa de que aqueles *sommeliers* realmente detinham um conhecimento formidável sobre vinho – foi mais interessante e revolucionário. A degustação sugeriu que, nos testes às cegas, os supostos especialistas não eram melhores do que consumidores comuns – um fato posteriormente confirmado pelos nossos testes de laboratório.

Pesquisas têm revelado muitas outras áreas em que não há provas científicas de que uma suposta expertise leve a um desempenho superior. Um estudo mostrou que psicoterapeutas com vasta formação e décadas de experiência não são necessariamente mais bem-sucedidos no tratamento de pacientes em geral do que terapeutas novatos com somente três meses de prática. Houve até casos em que o desempenho pareceu declinar com a experiência. Quanto mais tempo os médicos passam sem treinamento, por exemplo, menos são capazes de identificar distúrbios incomuns dos pulmões ou do coração. Como deparam com essas doenças muito raramente, acabam esquecendo suas características marcantes e têm dificuldade em diagnosticá-las. O desempenho só volta a melhorar depois que passam por um curso de reciclagem.

Como, então, identificar um verdadeiro especialista? A excelência genuína deve passar em três testes. Primeiro, o desempenho deve ser consistentemente superior ao dos pares. Segundo, expertise real produz resultados concretos. Neurocirurgiões, por exemplo, não precisam somente ser habilidosos com o bisturi, mas também obter resultados bem-sucedidos com os pacientes, assim como um enxadrista deve ser capaz de vencer partidas em campeonatos. Por fim, a verdadeira excelência pode ser replicada e medida em laboratório. Como afirmou o cientista britânico lorde Kelvin: "Se você não puder medir algo, não poderá melhorá-lo."

É fácil medir a habilidade em algumas áreas de atuação, como no esporte. Competições são padronizadas para que todos disputem em um ambiente

O que devemos ter em mente ao avaliar a excelência

Relatos individuais não costumam ser confiáveis.
Histórias pessoais, lembranças e episódios únicos podem ser insuficientes para comprovar excelência e muitas vezes levam a conclusões precipitadas. Existe todo um arcabouço científico sobre memórias falsas, vieses de autoconveniência e lembranças que foram alterados por crenças atuais ou pela passagem do tempo. Relato não é o mesmo que pesquisa.

Há muitos "especialistas" assim chamados indevidamente.
A verdadeira expertise é demonstrada por um desempenho mensurável e consistentemente superior. Alguns supostos especialistas só são excelentes em explicar por qual motivo cometeram erros. Depois do Julgamento de Paris de 1976, por exemplo, quando os vinhos californianos superaram os franceses em uma degustação às cegas, os "especialistas" afirmaram que os resultados foram uma aberração e que os tintos da Califórnia, em particular, nunca envelheceriam tão bem quanto os famosos tintos franceses. (Em 2006 houve nova degustação e a Califórnia venceu outra vez.) Se não fosse pelos resultados objetivos das degustações às cegas, talvez os *sommeliers* franceses nunca tivessem se convencido da qualidade dos vinhos americanos.

A intuição pode ser traiçoeira.
É popular a ideia de que basta relaxar e "confiar nos seus instintos" para

parecido. Todos os atletas têm as mesmas linhas de partida e chegada para que haja consenso sobre quem chegou primeiro. Tal padronização permite comparar indivíduos ao longo do tempo, e isso também é possível nos negócios. Nos primórdios da Walmart, por exemplo, Sam Walton organizava competições entre os gerentes de lojas para identificar quais filiais tinham a maior lucratividade. Do mesmo modo, cada loja da Nordstrom divulga a lista dos melhores vendedores com base em vendas por hora trabalhada.

Por outro lado, muitas vezes pode ser difícil mensurar o desempenho de um especialista – por exemplo, em projetos que levam meses ou até anos

melhorar seu desempenho. Embora a intuição possa mesmo ser valiosa em situações rotineiras e familiares, a intuição bem fundamentada é o resultado da prática deliberada. Não é possível melhorar de verdade sua tomada de decisões (ou sua intuição) sem muita prática, reflexão e análise.

Você não precisa de um taco diferente.
Muitos gestores esperam aprimorar seu desempenho rapidamente adotando métodos novos e melhores – assim como alguns jogadores de golfe buscam melhorar sua pontuação comprando um taco novo e melhor. Mas um taco diferente pode modificar a tacada do golfista a ponto de prejudicar seu jogo. O segredo para melhorar o desempenho é ter consistência e um planejamento específico dos próximos passos.

A excelência não está disponível em sistemas de gestão do conhecimento.
Sistemas de gestão do conhecimento lidam raramente (se é que lidam) com o conhecimento propriamente dito. Esses sistemas são repositórios de imagens, arquivos e procedimentos que as pessoas podem consultar e interpretar enquanto tentam solucionar um problema ou tomar uma decisão. Não há atalhos para alcançar a verdadeira excelência.

para ser concluídos e contam com a contribuição de dezenas de pessoas. Expertise em liderança é igualmente difícil de avaliar. Em sua maioria, os desafios dos líderes são altamente complexos e específicos de cada empresa, o que torna difícil comparar desempenhos entre organizações e situações diferentes. Isso não significa que os cientistas devam jogar a toalha e parar de medir o desempenho. Uma metodologia que usamos para lidar com esses desafios é selecionar uma situação representativa e reproduzi-la em laboratório. Por exemplo, apresentamos a enfermeiros do setor de emergência cenários que simulavam situações potencialmente fatais. Depois comparamos as reações deles no laboratório com resultados no mundo real. Descobrimos que existe uma correlação íntima entre o desempenho em simulações de medicina, de xadrez e de esportes e as mensurações objetivas de desempenho, como o histórico de vitórias de um enxadrista.

Metodologias de testagem também podem ser desenvolvidas para profissões criativas, como as artes em geral. Por exemplo, pesquisadores estudaram diferenças entre artistas plásticos pedindo que desenhassem o mesmo conjunto de objetos. Então um júri especializado fez uma avaliação às cegas dos desenhos. Houve clara concordância quanto à proficiência de cada artista, em especial sobre aspectos técnicos das obras. Outros pesquisadores desenvolveram tarefas objetivas para mensurar habilidades excepcionais de artistas sem a ajuda de júri algum.

Invista na prática deliberada

Para pessoas que nunca tiveram um desempenho digno de competição nacional ou internacional, a excelência pode parecer o mero resultado de praticar diariamente por anos ou até mesmo décadas. No entanto, viver em uma caverna não torna você um geólogo. Nem toda prática leva à perfeição. É necessário um tipo específico de prática – *prática deliberada* – para desenvolver expertise. Quando as pessoas praticam, em geral se concentram nas coisas que já sabem fazer. Prática deliberada é diferente. Envolve esforços consideráveis, específicos e constantes para fazer algo que você *não* sabe fazer bem – ou não sabe fazer de jeito nenhum. Pesquisas em várias áreas mostram que alguém se transforma no especialista que deseja ser apenas se trabalhar naquilo que não sabe fazer.

Imaginemos que você esteja aprendendo a jogar golfe. Nos primeiros estágios, tenta entender as tacadas básicas e se concentra em evitar erros grosseiros (como acertar a bola em outro jogador). Você pratica perto dos buracos, dá tacadas em uma área de treinamento e joga com pessoas que provavelmente também são iniciantes. Em um período surpreendentemente curto (talvez 50 horas), você desenvolverá mais controle e seu jogo ficará muito melhor. Depois você cultivará suas habilidades dando mais tacadas, acertando mais bolas e disputando mais partidas, até que tudo se torne automático: você pensará menos sobre cada tacada e jogará mais por intuição. Com isso, seu jogo acaba virando um evento social no qual de vez em quando você se concentra na tacada. A partir desse ponto, passar mais tempo no campo de golfe não vai melhorar significativamente o seu desempenho, que pode permanecer no mesmo nível por décadas.

Por que isso acontece? Você não melhora porque, quando está disputando uma partida, tem uma única chance de dar uma tacada a partir de determinado local. Não há como descobrir maneiras de corrigir seus erros. Se tivesse permissão para dar até dez tacadas exatamente do mesmo local, você obteria mais feedback sobre sua técnica e começaria a ajustar o estilo de jogo para melhorar seu controle. Profissionais costumam dar muitas tacadas do mesmo local quando treinam e quando estudam um campo de golfe antes de um torneio.

Esse tipo de prática deliberada pode ser adaptado para desenvolver expertise nos negócios e em liderança. O exemplo clássico é o estudo de caso, método usado por muitas faculdades de administração para apresentar aos alunos situações reais que exigem ação. Como os resultados dessas situações são conhecidos, os alunos podem julgar imediatamente os méritos das soluções que propuseram. Desse modo, podem praticar a tomada de decisões de 10 a 20 vezes por semana. Jogos de guerra cumprem uma função parecida nos treinamentos de academias militares. Os oficiais podem analisar as reações dos cadetes em combate simulado e fornecer uma avaliação instantânea. Essas simulações aguçam habilidades de liderança por meio da prática deliberada e permitem que os cadetes explorem territórios desconhecidos.

Vamos examinar em mais detalhes como a prática deliberada pode aprimorar a liderança. Fala-se muito que um elemento crucial de liderança e gestão é o carisma, o que é verdade. Ser líder costuma exigir que você se dirija a seus subordinados, colegas ou diretores e tente convencê-los de algo, particularmente em tempos de crise. Um número surpreendente de executivos acredita que carisma é inato e não pode ser aprendido. Contudo, se atuassem em uma peça com a ajuda de um diretor, seriam capazes de parecer mais carismáticos a cada apresentação. Trabalhando com uma importante faculdade de artes dramáticas, desenvolvemos um conjunto de exercícios de interpretação para gestores e líderes que visam aumentar seu carisma e sua capacidade de persuasão. Executivos que fizeram esses exercícios apresentaram melhoria notável. Portanto, carisma pode ser aprendido por meio da prática deliberada. Até mesmo Winston Churchill, figura das mais carismáticas do século XX, praticava seu estilo de oratória diante de um espelho.

Especialistas genuínos não somente praticam como também *pensam* deliberadamente. O golfista Ben Hogan explicou certa vez: "Enquanto estou praticando, também tento desenvolver meu poder de concentração. Eu não chego simplesmente e dou uma tacada." Hogan decidia com antecedência aonde queria que a bola fosse e como fazê-la chegar lá. Temos rastreado esse tipo de processo de pensamento nas nossas pesquisas. Apresentamos um cenário a especialistas de alto desempenho e pedimos que pensem em voz alta sobre como lidar com a situação. Enxadristas, por exemplo, costumam passar de 5 a 10 minutos explorando todas as possibilidades para o próximo movimento, refletindo sobre as consequências de cada uma e planejando a sequência de movimentos a partir dali. Observamos que, quando uma ação não funciona como esperado, jogadores excepcionais retornam à sua análise anterior para avaliar onde erraram e como evitar erros futuros. Eles trabalham continuamente para eliminar suas fraquezas.

Prática deliberada envolve dois tipos de aprendizado: melhorar as habilidades que você já tem e ampliar o alcance e a gama das suas aptidões. A enorme concentração exigida para realizar essas tarefas limita a quantidade de tempo que se pode dedicar a elas. O famoso violinista Nathan Milstein escreveu: "Pratique o máximo que conseguir com concentração. Certa vez, quando fiquei preocupado porque outros músicos praticavam o dia inteiro, perguntei ao professor Auer, meu mentor, por quantas horas eu deveria praticar e ele disse: 'Na verdade, não importa quanto tempo. Se estiver se referindo aos dedos, nenhuma quantidade de horas será suficiente. Se praticar com a cabeça, duas horas bastarão.'"

É interessante observar que mesmo entre especialistas, incluindo atletas, escritores e músicos, poucos parecem conseguir se engajar em mais do que quatro ou cinco horas de alta concentração e prática deliberada a cada vez. A maioria dos professores e cientistas excepcionais reserva cerca de duas horas por dia, em geral pela manhã, para suas atividades mentais mais exigentes, como escrever sobre novas ideias. Embora possa parecer um investimento de tempo relativamente pequeno, são duas horas a mais por dia do que a maioria dos executivos e gestores dedica a desenvolver suas habilidades, já que a maior parte do tempo deles é consumida por reuniões e preocupações cotidianas. Em um ano, isso totaliza 700 horas a mais, ou cerca de 7 mil horas por década. Pense no que você poderia realizar se dedicasse duas horas por dia à prática deliberada.

É muito fácil negligenciar a prática deliberada. Profissionais de alto desempenho muitas vezes reagem automaticamente a situações específicas e podem acabar recorrendo apenas à própria intuição. Isso torna mais difícil lidar com casos atípicos ou raros, porque esses profissionais perderam a capacidade de analisar uma situação e raciocinar para chegar à reação certa. Especialistas podem não reconhecer esse insidioso viés intuitivo porque não há nenhuma penalidade, até que deparem com uma situação na qual uma reação corriqueira fracasse e, talvez, até cause prejuízos. Profissionais mais velhos e com muita experiência são particularmente propensos a cair nessa armadilha, mas sem dúvida é possível evitá-la. Pesquisas demonstram que músicos com mais de 60 anos que mantêm a prática deliberada por cerca de 10 horas semanais podem se igualar à velocidade e às habilidades técnicas de excelentes músicos de 20 anos ao tocar uma peça musical desconhecida.

Deixar a zona de conforto exige muita motivação e sacrifício, mas é necessário. Como o campeão de golfe Sam Snead disse certa vez: "É da natureza humana querer praticar o que já se sabe fazer bem, porque dá muito menos trabalho e é bem mais divertido." Somente quando entender que a prática deliberada é o meio mais eficaz para atingir o fim desejado – tornar-se o melhor na sua área – você se comprometerá com a excelência. Snead, que morreu em 2002, manteve o recorde de conquistas da PGA Tour, a organização americana dos golfistas profissionais, e era famoso por ter um dos *swings* mais bonitos no esporte. Prática deliberada era um elemento crucial do seu sucesso. "A prática coloca o cérebro nos seus músculos", dizia.

Leve o tempo que precisar

A esta altura já ficou claro que leva tempo para se tornar um especialista. Nossa pesquisa mostra que até os indivíduos de alto desempenho mais talentosos precisam de no mínimo 10 anos (ou 10 mil horas) de treinamento intenso antes de vencer competições internacionais. Em algumas áreas o aprendizado é mais longo: hoje, a maioria dos músicos de elite precisa de 15 a 25 anos de prática constante antes de obter sucesso internacional.

Embora haja exemplos clássicos de pessoas que alcançaram um nível internacional de expertise em tenra idade, também é verdade que no século XIX e no começo do século XX era possível chegar mais rapidamente a esse patamar. Na maioria das áreas, o nível de desempenho veio aumentando desde então. Hoje, por exemplo, maratonistas amadores e nadadores do ensino médio muitas vezes superam os tempos de campeões olímpicos do começo do século XX. A competição cada vez mais acirrada torna quase impossível quebrar a regra dos 10 anos. Exceção notável, Bobby Fischer sagrou-se Grande Mestre do xadrez em apenas nove anos, mas é provável que tenha feito isso passando mais tempo praticando a cada ano.

Muita gente é ingênua em relação a quanto tempo leva para se tornar especialista. Liev Tolstói ouviu muitas vezes as pessoas dizerem que talvez fossem capazes de escrever um romance – como se precisassem de uma única tentativa para descobrir sua habilidade natural para a literatura. Do mesmo modo, muitos autores de autoajuda parecem presumir que seus leitores estão prontos para o sucesso e só precisam dar mais alguns passos simples para superar grandes obstáculos. A cultura popular é cheia de histórias sobre atletas, escritores e artistas desconhecidos que ficaram famosos da noite para o dia aparentemente por causa de um talento inato – eles "nasceram para isso", dizem. Contudo, ao examinarmos a trajetória de especialistas, sempre descobrimos que eles passaram muito tempo em treinamento e preparação. Sam Snead, chamado de "o melhor jogador naturalmente talentoso que já existiu", disse à *Golf Digest*: "As pessoas sempre diziam que eu tinha um *swing* natural. Pensavam que eu não me esforçava. Mas quando era jovem eu jogava e praticava o dia inteiro, e continuava à noite à luz dos faróis do meu carro. Minhas mãos sangravam. Ninguém se esforçou mais no golfe do que eu."

Não basta investir tempo para se tornar um especialista: também é preciso começar cedo – pelo menos em algumas áreas. Suas chances de alcançar um desempenho excepcional ficarão bastante limitadas se você se engajar pouco na prática deliberada, o que está longe de ser uma limitação trivial. Certa vez, depois de uma palestra, um ouvinte perguntou ao psicólogo sueco K. Anders Ericsson se ele ou qualquer outra pessoa poderia conquistar uma medalha olímpica começando a treinar em idade madura. Hoje em dia, Ericsson respondeu, seria praticamente impossível para qualquer um conquistar uma medalha individual sem um histórico de treinamento comparável ao dos atletas de elite – e quase todos eles começaram muito cedo. Muitas crianças simplesmente não têm a oportunidade de trabalhar com os melhores treinadores e se engajar no tipo de prática deliberada necessário para alcançar o nível olímpico em um esporte.

Encontre instrutores e mentores

O professor de violino mais famoso de todos os tempos, Ivan Galamian, afirmou que grandes músicos em ascensão não abraçam espontaneamente a prática deliberada: "Se analisarmos a evolução dos artistas conhecidos, vemos que, em quase todos os casos, o sucesso na carreira dependia da qualidade da sua prática. Em quase todos os casos, a prática era constantemente supervisionada ou pelo professor ou por um assistente do professor."

Pesquisas sobre pessoas com altíssimo desempenho confirmam a observação de Galamian. Também mostram que futuros especialistas precisam de tipos diferentes de professores a cada estágio de sua evolução. No começo, a maioria é treinada por professores locais, que podem oferecer generosamente seu tempo e elogios. Mais tarde, contudo, é essencial procurar professores mais avançados para seguir melhorando as habilidades. De fato, todos os que apresentam os melhores desempenhos trabalham de perto com professores com um currículo de realizações internacionais.

Ter instrutores excepcionais faz diferença de várias maneiras. Para começar, eles podem acelerar o processo de aprendizagem. Roger Bacon, filósofo e cientista do século XIII, argumentou que seria impossível dominar a matemática em menos de 30 anos. Apesar disso, hoje é possível dominar disciplinas tão complexas quanto o cálculo ainda na adolescência. A diferença é que, desde então, os acadêmicos organizaram o material de tal maneira que ele se tornou muito mais acessível. Estudantes de matemática não precisam mais escalar o Everest sozinhos; eles podem seguir um guia por um caminho que já foi trilhado muitas vezes.

Desenvolver expertise exige mentores capazes de dar feedback construtivo, até mesmo doloroso. Especialistas de verdade são alunos extremamente motivados que procuram esse feedback. Também são habilidosos em compreender quando um conselho não funciona para eles. Os profissionais extraordinários que estudamos sabiam o que faziam certo e se concentravam no que faziam errado. Escolhiam de modo deliberado mentores nada sentimentais que os desafiavam e os motivavam a se superar constantemente. Os melhores mentores também identificam aspectos de desempenho que precisarão ser melhorados em seus alunos no *próximo* nível de habilidade. Se for pressionado rápido demais e com muito rigor, o aluno ficará frustrado e pode até desistir totalmente de continuar avançando.

Porém depender de um instrutor tem limites. Estatísticas mostram que radiologistas diagnosticam corretamente câncer de mama com raios X cerca de 70% das vezes. Em geral, jovens radiologistas aprendem a interpretar radiografias trabalhando ao lado de um "especialista". Portanto, não é de surpreender que o índice de sucesso tenha estacionado em 70% faz tempo. Imagine quanto a radiologia poderia melhorar se os profissionais fizessem diagnósticos a partir de radiografias de casos confirmados antigos, de modo a determinar imediatamente sua acurácia. Essas técnicas vêm sendo usadas com mais frequência em treinamentos. Há um mercado emergente de simulações complexas que proporcionam a profissionais, especialmente da medicina e da aviação, uma prática deliberada segura com feedback eficiente.

Portanto, o que acontece quando você se torna um campeão olímpico, um mestre internacional do xadrez ou um CEO? Espera-se que, à medida que tenha desenvolvido sua expertise, seu mentor o tenha ajudado a se tornar cada vez mais independente para definir sozinho os próximos passos. Como bons pais que encorajam os filhos a deixar o ninho, bons mentores ensinam os alunos a depender de um "coach interior". Autocoaching pode ser feito em qualquer área. Cirurgiões excepcionais, por exemplo, não estão preocupados somente com o estado pós-operatório do paciente. Eles estudarão quaisquer eventos imprevistos que tenham ocorrido durante a cirurgia para entender como evitar erros no futuro.

Benjamin Franklin oferece um dos melhores exemplos de autocoaching motivado. Como queria escrever de modo eloquente e persuasivo, começou a estudar os artigos de uma famosa publicação britânica, *The Spectator*. Dias após ler um artigo do qual gostara muito, ele tentava reconstruí-lo com as próprias palavras usando apenas a memória. Depois comparava-o com o original para descobrir e corrigir seus erros. Também trabalhava o domínio da linguagem transformando os artigos em versos rimados e, depois, retornando à prosa. Do mesmo modo, pintores famosos às vezes tentam reproduzir as pinturas de outros mestres.

Qualquer pessoa pode aplicar esses mesmos métodos no trabalho. Digamos que exista um comunicador magistral na sua empresa e você descubra que ele fará uma palestra sobre um tema predeterminado. Tente escrever seu discurso sobre o mesmo tema; depois compare com o que ele efetivamente fez. Observe as reações do público à palestra dele e imagine quais seriam as reações à sua. Cada vez que você consegue sozinho tomar decisões, realizar interações ou criar discursos que se equiparam aos de profissionais excelentes, dá mais um passo rumo a um desempenho de especialista.

Antes que prática, oportunidade e sorte se combinem para gerar expertise, é preciso desmistificar a ideia de que a genialidade é algo que nasce com você e não se conquista. Talvez esse mito seja perfeitamente exemplificado na pessoa de Wolfgang Amadeus Mozart, quase sempre apresentado como uma criança-prodígio com musicalidade inata excepcional. Ninguém questiona que as realizações de Mozart eram extraordinárias em comparação com as dos seus contemporâneos. Contudo, poucos se lembram que sua formação foi igualmente excepcional para a época. A tutelagem musical de Mozart começou antes que ele completasse 4 anos, e seu pai, também um compositor habilidoso, era um célebre professor de música, tendo escrito um dos primeiros livros sobre como tocar violino. Como outros indivíduos que apresentam os melhores desempenhos do mundo, Mozart não nasceu especialista – ele se tornou um.

Publicado originalmente em julho-agosto de 2007.

2

Gestão de si mesmo

Peter F. Drucker

GRANDES REALIZADORES DA HISTÓRIA – Napoleão, Leonardo da Vinci, Mozart – sempre foram gestores de si mesmos. Em boa medida, foi essa a razão de seu sucesso. Mas estamos falando de exceções, de indivíduos tão excepcionais em talento e em realizações que podem ser considerados além dos parâmetros de normalidade da existência humana. Atualmente a maioria das pessoas, mesmo aquelas com atributos modestos, precisa aprender a gerenciar a própria vida. Temos que aprender a nos desenvolver, a nos posicionar onde poderemos dar a maior contribuição possível e a estar mentalmente alertas e comprometidos durante 50 anos de uma vida profissional, o que significa saber como e quando mudar o trabalho que realizamos.

Quais são meus pontos fortes?

A maioria das pessoas acha que sabe quais são seus pontos fortes ou potencialidades. Em geral, estão erradas. Com frequência, conhecem melhor suas fraquezas – e, mesmo assim, muitas se enganam. No entanto, um desempenho de alto nível depende apenas das potencialidades de cada um. Não é possível alcançá-lo com base nos pontos fracos, muito menos com base naquilo que não se consegue realizar de forma alguma.

Ao longo da história da humanidade, não houve necessidade de conhecer os próprios pontos fortes. Uma pessoa nascia numa posição social e com uma ocupação predefinida por seus antepassados: o filho do camponês seria camponês, a filha do artesão deveria se casar com um artesão e assim por diante. Mas hoje temos opções. Precisamos conhecer nossas qualidades para saber onde nos inserir.

A única forma de descobri-las é por meio da análise de feedback. Sempre que você tomar uma decisão importante ou realizar uma ação de peso, anote os resultados esperados. Nove ou 12 meses depois, compare os resultados reais com suas expectativas. Pratico esse método há mais de 20 anos e toda vez me surpreendo. A análise de feedback me mostrou, por exemplo – e para minha grande surpresa –, que tenho afinidade intuitiva com pessoas da área técnica, como engenheiros, contadores ou pesquisadores de mercado, e que realmente não me afino com pessoas de funções mais generalistas.

A análise de feedback não é um conceito novo. Foi inventada no século XIV por um teólogo alemão desconhecido e recuperada cerca de 150 anos depois por João Calvino e Inácio de Loiola, de forma independente. Ambos a incorporaram às práticas recomendadas a seus seguidores. Aliás, o foco constante em desempenho e resultados que esse hábito produz explica por que as instituições fundadas por esses dois homens – a Igreja calvinista e a Companhia de Jesus – dominaram a Europa em menos de 30 anos.

A prática consistente desse método simples lhe indicará em pouco tempo, talvez dois ou três anos, quais são seus pontos fortes – e é muito importante conhecê-los. O método mostrará o que você faz ou deixa de fazer que o impede de se beneficiar de maneira plena de suas potencialidades. Também revelará em que você não é particularmente competente e, por fim, as áreas em que suas potencialidades são reduzidas e, portanto, você não produzirá bons resultados.

Várias implicações para a ação decorrem da análise de feedback. Em primeiro lugar, concentre-se em suas potencialidades. Coloque-se onde elas vão produzir melhores resultados.

> ## Em resumo
>
> Vivemos numa era de oportunidades sem precedentes: se você tem ambição, disposição e inteligência, pode chegar ao topo da carreira que escolheu – independentemente do ponto em que começou. Mas com a oportunidade vem a responsabilidade. Hoje em dia as empresas não administram a carreira dos trabalhadores do conhecimento. Cada um precisa ser seu CEO.
>
> Em suma, cabe a você se esforçar para conseguir um lugar no mercado de trabalho e saber quando mudar de rumo. E cabe a você manter-se comprometido e produtivo durante sua vida profissional, que pode chegar a 50 anos ou mais.
>
> Para fazer tudo isso bem, você precisa se conhecer a fundo. Quais são seus pontos fortes mais valiosos e seus pontos fracos mais perigosos? Como você aprende e trabalha com os outros? Que valores pessoais mais preza? E em que tipo de ambiente de trabalho pode dar sua melhor contribuição?
>
> Uma coisa é certa: somente a combinação de suas potencialidades com o autoconhecimento permitirá a você atingir a verdadeira – e duradoura – excelência.

Segundo, trabalhe para aprimorar esses pontos fortes. A análise indicará rapidamente onde você precisa melhorar ou adquirir novas habilidades e deixará claro onde estão suas lacunas de conhecimento – que, em geral, podem ser preenchidas. Algumas pessoas nascem com o dom para a matemática, mas qualquer um é capaz de aprender trigonometria.

Terceiro, descubra onde sua arrogância intelectual está gerando ignorância paralisante e supere-a. Muitos profissionais – principalmente aqueles com grande expertise em determinada área – desdenham o conhecimento de outras áreas ou acreditam que a inteligência substitui o conhecimento. Engenheiros altamente qualificados, por exemplo, costumam se orgulhar de não saber nada sobre como lidar com pessoas. Para eles, o ser humano é desorganizado demais para uma boa mente lógica. Profissionais de RH, por sua vez, em geral se orgulham de ser ignorantes em contabilidade básica ou em métodos quantitativos. Orgulhar-se dessa ignorância é um comportamento autodestrutivo. Procure se esforçar para adquirir as habilidades e o conhecimento necessários à plena realização de suas potencialidades.

É igualmente indispensável livrar-se dos maus hábitos que inibem sua eficiência e seu desempenho. Esses vícios logo aparecerão no feedback. Um especialista em planejamento, por exemplo, pode achar que seus projetos fracassam porque não os acompanha até o fim para checar os resultados. Como tantas outras mentes brilhantes, ele acredita que as ideias movem montanhas. A realidade é que escavadeiras movem montanhas. Ideias indicam onde as escavadeiras devem cavar. Esse especialista deve aprender que o trabalho não termina quando o projeto está pronto. É preciso encontrar pessoas para executá-lo; explicar o que se espera delas; fazer adaptações e mudanças durante o desenvolvimento; e, por fim, decidir quando parar.

O feedback revela também quando o problema é uma questão de falta de boas maneiras. A boa conduta funciona como o lubrificante de uma organização. A física demonstra que dois corpos, ao entrar em contato, criam atrito. Esse princípio vale para objetos inanimados e também para seres humanos. Bons modos – coisas simples, como dizer "por favor" e "obrigado", saber o nome dos colegas ou perguntar pela família deles – permitem que dois indivíduos trabalhem juntos, mesmo que não se gostem. Muitos profissionais brilhantes, sobretudo os mais jovens, não entendem isso. Se a análise mostra que o trabalho de alguém fracassa repetidamente sempre que ele precisa trabalhar em equipe, é provável que isso seja indício de falta de cortesia – isto é, falta de educação.

Comparar as expectativas com os resultados também sinaliza o que você não deve fazer. Todos podemos indicar áreas nas quais não temos nenhum talento ou habilidade e, consequentemente, poucas chances de sair da mediocridade. Nessas áreas o indivíduo – sobretudo o profissional do conhecimento – não deve assumir tarefas ou atribuições. Não se deve desperdiçar esforços para aprimorar áreas nas quais nossa competência é baixa. Consome-se muito mais energia e trabalho para passar da incompetência à mediocridade do que para passar do ótimo desempenho à excelência. No entanto, a maioria das empresas e dos profissionais – sobretudo

Na prática

Para construir uma vida de excelência, comece fazendo a si mesmo as seguintes perguntas:

"Quais são meus pontos fortes?"
Para identificar seus pontos fortes com precisão, utilize a **análise de feedback**. Depois de cada decisão importante, anote o resultado esperado. Vários meses depois, compare os resultados reais com suas expectativas. Procure padrões: que tipos de resultado você é capaz de gerar? Que habilidades precisa melhorar para obter os resultados desejados? Ao identificar uma oportunidade de aprimoramento, não perca tempo cultivando habilidades em áreas nas quais sua competência é baixa. Em vez disso, concentre-se em suas potencialidades e desenvolva-as da melhor forma possível.

"Como eu trabalho?"
De que forma você trabalha melhor? Você processa informações com mais eficiência com a leitura ou ao ouvir os outros? É mais produtivo trabalhando em equipe ou sozinho? Seu desempenho é melhor quando toma decisões ou quando dá conselhos sobre assuntos importantes? Sente-se bem nos momentos estressantes ou funciona melhor num ambiente previsível?

"Quais são meus valores?"
Qual é sua ética? Que responsabilidades você precisa assumir para viver uma vida digna e ética? A ética de sua organização está em sintonia com seus valores? Sem isso, sua carreira provavelmente será marcada por frustração e desempenho insatisfatório.

"Que carreira devo seguir?"
Analise seus pontos fortes, valores e seu estilo de trabalho preferido. Com base nesses aspectos, descubra onde se encaixa melhor e você deixará de ser um funcionário mediano para se tornar um profissional de alto nível.

> **"Qual deve ser minha contribuição?"**
> No passado as empresas diziam aos executivos qual deveria ser sua contribuição. Atualmente, você tem escolhas. Para decidir como melhorar o desempenho de sua organização, primeiro entenda o que a situação exige. Em seguida, com base em seus pontos fortes, valores e estilo de trabalho, pergunte-se como poderia dar sua melhor contribuição para os esforços de sua organização.

professores – se esforça para transformar profissionais incompetentes em medíocres. Em vez disso, os recursos, o tempo e a energia deveriam ser gastos para transformar uma pessoa competente em um astro do desempenho.

Como desenvolvo meu trabalho?

Curiosamente, pouca gente sabe de que forma cumpre as próprias tarefas. Na verdade, a maioria de nós não entende sequer que cada um trabalha e funciona de um jeito. Muitos trabalham de uma forma diferente da que é a natural para eles, o que é quase uma garantia de desempenho insatisfatório. Para profissionais do conhecimento, a pergunta "Como desenvolvo meu trabalho?" pode ser ainda mais importante que "Quais são meus pontos fortes?".

Da mesma maneira que nossas potencialidades, nosso jeito de desempenhar o trabalho é único. É uma questão de personalidade. Quer a personalidade seja algo inato ou aprendido, o fato é que ela certamente se forma muito antes do início da vida profissional. E o modo de agir é característico de cada indivíduo, assim como seus pontos fortes e fracos. É possível mudar um pouco o jeito de uma pessoa trabalhar, mas é improvável que mude por completo – e a mudança certamente não será nada fácil. Da mesma forma que as pessoas conseguem bons resultados fazendo algo em que são boas, também conseguem bons resultados trabalhando em condições que propiciem melhor desempenho. Em geral, alguns traços comuns de personalidade determinam sua forma de trabalhar.

Sou um leitor ou um ouvinte?

A primeira coisa é saber se você é leitor ou ouvinte. Pouquíssimas pessoas sabem que essas categorias existem e que raramente alguém se encaixa nas duas. Alguns exemplos evidenciam como essa falta de conhecimento pode ser prejudicial.

Quando Dwight Eisenhower era comandante supremo das Forças Aliadas na Europa, a imprensa o adorava. Suas entrevistas eram famosas pelo estilo – o general Eisenhower demonstrava total domínio sobre qualquer pergunta e capacidade de descrever uma situação e explicar uma política em duas ou três frases elegantes e bem elaboradas. Dez anos depois, com o militar na presidência dos Estados Unidos, os mesmos jornalistas que o admiravam passaram a desprezá-lo. Segundo eles, o presidente Eisenhower nunca abordava um assunto de fato, apenas divagava sobre outras coisas. Eles o ridicularizavam por assassinar a língua inglesa com respostas incoerentes e gramaticalmente incorretas.

Eisenhower, ao que parece, ignorava que era um leitor, não um ouvinte. Quando foi comandante supremo na Europa, seus assistentes exigiam que todas as perguntas da imprensa fossem apresentadas por escrito pelo menos meia hora antes da entrevista. Dessa forma, Eisenhower se sentia no controle da situação. Ao se tornar presidente, ele sucedeu Franklin D. Roosevelt e Harry Truman. Os dois sabiam que eram ouvintes e preferiam dar entrevistas coletivas sem regras prévias, e talvez Eisenhower tenha pensado que deveria seguir o exemplo dos antecessores. Resultado: ele nem sequer ouvia as perguntas dos jornalistas. E Eisenhower nem é um exemplo extremo de não ouvinte.

Alguns anos depois, Lyndon Johnson arruinou sua presidência em grande medida por não saber que era um ouvinte. Seu antecessor, John Kennedy, era um leitor que contava com a assistência de um brilhante grupo de redatores que enviava a ele por escrito o que seria discutido depois, pessoalmente. Johnson manteve esses profissionais em sua equipe – e eles continuaram com o mesmo estilo de trabalho. Ao que parece, ele nunca entendia qualquer palavra do que os redatores escreviam. Como senador, porém, Johnson foi brilhante, porque parlamentares precisam, acima de tudo, ouvir.

Poucos ouvintes podem se converter ou ser convertidos em leitores competentes, e vice-versa. O ouvinte que tentar ser leitor terá o mesmo destino de Lyndon Johnson, e o leitor que tentar ser ouvinte terá o mesmo destino de Dwight Eisenhower. Não alcançarão bom desempenho nem realização.

Como eu aprendo?
O segundo aspecto que influencia o desempenho profissional é a forma como a pessoa aprende. Muitos redatores excepcionais – Winston Churchill, por exemplo – tiveram baixo desempenho escolar. Para eles, foi uma época de tortura. Seus colegas de turma, no entanto, não guardam a mesma lembrança. Talvez não tenham gostado muito da escola, mas para eles o pior de tudo era o tédio. Acontece que em geral redatores não aprendem ouvindo ou lendo, mas escrevendo. O problema é que as escolas não permitem que eles aprendam dessa forma, por isso suas notas são baixas.

Todas as escolas são estruturadas a partir do pressuposto de que existe apenas uma forma certa de ensino e que ela deve ser a mesma para todos. Mas quem aprende de um jeito diferente vive um verdadeiro suplício ao ser obrigado a se adaptar. E existe uma meia dúzia de modos de aprender.

Assim como Churchill, algumas pessoas aprendem escrevendo. Outras, tomando extensas notas. Beethoven, por exemplo, deixou uma enorme quantidade de cadernos de rascunho, embora tenha afirmado que nunca olhava para eles ao compor. Quando lhe perguntaram por que guardava os cadernos, teria respondido: "Se eu não escrever imediatamente, esqueço tudo. Se escrevo num caderno, não esqueço e nunca mais preciso olhar para ele." Algumas pessoas aprendem fazendo. Outras, ouvindo a si mesmas repetir a informação em voz alta.

Conheço um CEO que aprendia falando; ele transformou uma pequena empresa familiar num negócio líder do ramo. Uma vez por semana, tinha o hábito de reunir toda a equipe de executivos em sua sala para que o ouvissem falar durante duas ou três horas. Levantava questões sobre políticas da empresa e analisava três pontos de vista diferentes. Raras vezes permitia comentários ou perguntas dos colaboradores – só precisava de uma plateia que o ouvisse falar. Era assim que ele aprendia. E, embora seja um caso um tanto radical, aprender falando é um método bastante comum. Advogados bem-sucedidos que atuam em tribunais também aprendem falando, assim como muitos médicos especialistas em diagnósticos (e eu também).

De todos os aspectos importantes do autoconhecimento, entender como se aprende é o mais fácil de descobrir. Quando pergunto "Como você aprende?", a maioria das pessoas sabe a resposta. Mas, se pergunto "Você age de acordo com esse conhecimento?", poucas respondem que sim. No entanto, agir de acordo com esse conhecimento é fundamental para o desempenho. Ou melhor, *não* agir de acordo condena o profissional a um desempenho medíocre.

As primeiras perguntas que você deve se fazer são "Sou leitor ou ouvinte?" e "Como eu aprendo?", mas certamente não são as únicas. Para gerenciar a si mesmo com eficiência você também precisa se perguntar: "Eu trabalho bem em equipe ou prefiro atuar sozinho?" Se trabalha bem com pessoas, pergunte-se: "Em que tipo de relação?"

Algumas pessoas trabalham melhor como subordinadas. O general George Patton, maior herói militar americano da Segunda Guerra, é um ótimo exemplo. Patton era comandante geral das tropas do país. No entanto, quando seu nome foi proposto para um comando independente, o general George Marshall, chefe do Estado-Maior – e provavelmente o mais bem-sucedido recrutador da história dos Estados Unidos –, observou: "Patton é o melhor subordinado que o Exército americano já teve, mas seria o pior comandante."

Algumas pessoas funcionam melhor como parte de uma equipe; outras trabalham melhor sozinhas. Algumas são excepcionalmente talentosas como conselheiras e mentoras; outras, simplesmente ineptas nessas funções.

Outra pergunta crucial é: "Produzo resultados como tomador de decisões ou como mentor?" Muitas pessoas atuam melhor como conselheiras, mas não conseguem suportar o fardo e a pressão da tomada de decisões. Por outro lado, várias outras precisam de um mentor que as obrigue a pensar. Só então são capazes de tomar decisões e agir com rapidez, autoconfiança e coragem.

A propósito, é por isso que o segundo executivo mais importante de uma organização frequentemente fracassa quando promovido ao topo. Para estar no posto máximo é preciso ser um tomador de decisões. Geralmente bons tomadores de decisões colocam no segundo lugar da hierarquia alguém de sua confiança como mentor – e nessa posição a pessoa é excelente. Mas, na primeira posição, fracassa. Ela sabe qual deve ser a decisão, mas não assume a responsabilidade de tomá-la.

Outras perguntas importantes a fazer são: "Eu trabalho bem sob pressão ou preciso de um ambiente altamente estruturado e previsível? Trabalho melhor numa grande organização ou numa empresa pequena?" Poucas pessoas são capazes de ter um bom desempenho em qualquer ambiente para o qual sejam designadas. É comum que pessoas vitoriosas em grandes organizações se saiam muito mal ao se mudarem para empresas menores. E vice-versa.

Não custa repetir: não tente mudar quem você é – provavelmente não será bem-sucedido. Mas trabalhe com afinco para aprimorar a forma como desenvolve seu trabalho e procure não assumir uma função que não consiga executar ou que executará de maneira precária.

Quais são meus valores?

Por fim, para gerenciar a si mesmo, você precisa se perguntar: "Quais são meus valores?" Essa não é uma questão sobre ética. Com relação à ética, as regras são as mesmas para todos e o teste é simples. Eu o chamo de "teste do espelho".

No início do século XX, o diplomata mais respeitado por todas as grandes potências mundiais era o embaixador da Alemanha em Londres. Predestinado a grandes conquistas, ele teria condições para se tornar, no mínimo, ministro do Exterior ou chanceler de seu país. No entanto, em 1906 pediu demissão de uma hora para outra em vez de presidir um jantar oferecido pelo corpo diplomático a Eduardo VII. O rei era um mulherengo notório e deixou claro o tipo de jantar que queria. Comenta-se que o embaixador teria dito: "Eu me recuso a ver um cafetão no espelho ao me barbear pela manhã."

Esse é o teste do espelho. A ética exige que você se pergunte: "Que tipo de pessoa quero ver no espelho pela manhã?" O que é comportamento ético numa organização ou situação também o é em outra. Mas a ética é só parte de um sistema de valores – sobretudo do de uma organização. Trabalhar numa organização cujo sistema de valores é inaceitável ou incompatível com o seu leva a um péssimo desempenho e a frustração.

Veja o caso da bem-sucedida diretora de RH cuja empresa foi comprada por uma organização maior. Depois da aquisição, ela foi promovida para realizar o trabalho que fazia melhor – selecionar pessoas para posições de alto nível. A executiva defendia veementemente que para esses cargos a empresa só deveria contratar pessoas de fora depois de esgotar todas as possibilidades internas. Mas a filosofia da nova empresa era primeiro procurar "sangue novo" no mercado. Aqui preciso fazer uma observação sobre as duas abordagens: na minha experiência, o mais correto é adotar um sistema misto. No entanto, elas são fundamentalmente incompatíveis – não como políticas, mas como valores. Revelam visões opostas sobre a relação entre organizações e pessoas, sobre a responsabilidade da organização com as pessoas e sobre o desenvolvimento delas e a contribuição mais importante do profissional para a companhia. Apesar de ter um salário bastante elevado, depois de alguns anos de frustração a executiva pediu demissão. Seus valores não eram compatíveis com os da organização.

De forma semelhante, se uma empresa farmacêutica tenta obter resultados com diversas pequenas melhorias ou promovendo avanços ocasionais altamente dispendiosos e arriscados, não se trata apenas de uma questão econômica. Os resultados de cada estratégia podem ser praticamente os mesmos. No fundo, existe um conflito entre os dois sistemas de valores: em um, a empresa quer ajudar os médicos a realizar melhor o que já fazem bem; em outro, o sistema de valores é orientado para as descobertas científicas.

Decidir se uma empresa deve operar visando resultados a curto ou a longo prazo também é uma questão de valores. Analistas financeiros acreditam que é possível focar ambos simultaneamente. Executivos bem-sucedidos sabem disso melhor que ninguém. É evidente que toda empresa deve produzir resultados a curto prazo. Mas, em caso de conflito entre resultados a curto prazo e crescimento a longo prazo, a empresa precisa determinar suas prioridades. Não se trata de uma divergência sobre economia, mas de um conflito de valores relacionado à função de um negócio e à responsabilidade de seus líderes.

Conflitos de valores não se restringem às organizações. Uma das igrejas de crescimento mais acelerado nos Estados Unidos mede seu sucesso pelo número de novos fiéis. Sua liderança acredita que o importante é a forma como muitos recém-chegados são integrados à comunidade. O bom Deus atenderá a suas necessidades espirituais ou, pelo menos, às necessidades de grande parte deles. Já outra acredita que o importante é o crescimento espiritual do fiel. Ela acolhe os recém-chegados, mas não interfere em sua vida espiritual.

Novamente, não se trata de uma questão de números. À primeira vista, parece que a segunda igreja cresce mais devagar. No entanto, ela retém um percentual muito maior de adeptos que a primeira. Seu crescimento, em outras palavras, é mais sólido. Também não se trata de um problema teológico – ou, caso se trate, esse aspecto é secundário. Na verdade, esse é um problema de valores. Num debate público, um líder de uma igreja argumentava: "Se você não vier primeiro à igreja, nunca encontrará o caminho para o reino dos céus." "Não", retrucou o da outra. "Se você não procurar primeiro o caminho para o reino de céus, não fará parte da igreja."

Assim como as pessoas, as organizações têm valores. Para que um indivíduo seja produtivo numa empresa, os valores da organização precisam ser compatíveis com os dele. Não precisam ser idênticos, mas devem ser próximos o bastante para a coexistência ser possível. Do contrário, o profissional não só se sentirá frustrado como também não produzirá resultados.

As potencialidades e a forma de agir de uma pessoa raramente entram em conflito – são complementares. Mas às vezes existe um conflito entre seus valores e suas potencialidades. O que alguém faz bem – ou até muito bem e com êxito – pode não estar em harmonia com seu sistema de valores. Nesse caso, talvez pareça que não vale a pena devotar a vida (ou boa parte dela) ao trabalho.

Permita-me fazer um comentário pessoal. Há vários anos eu também precisei decidir entre meus valores e o que fazia com excelência. Estava me saindo muito bem como um jovem corretor de ações em Londres em meados da década de 1930 e o trabalho se ajustava perfeitamente às minhas potencialidades. No entanto, eu me sentia insatisfeito com minha contribuição como gestor de ativos. Percebi que o que eu valorizava eram as pessoas e que não via sentido em ser o sujeito mais rico do cemitério. Eu não tinha dinheiro nem outra perspectiva de trabalho e, apesar da crise econômica, pedi demissão – e fiz a coisa certa. Em outras palavras, os valores são e devem ser o teste final.

Que carreira devo seguir?

Poucas pessoas sabem desde cedo a resposta a essa pergunta. Matemáticos, músicos e cozinheiros, por exemplo, normalmente são matemáticos, músicos e cozinheiros aos 4 ou 5 anos. Em geral, os médicos decidem seguir essa carreira na fase da adolescência ou pouco antes. Mas a maioria das pessoas, sobretudo as altamente dotadas, não tem ideia do que fazer profissionalmente até bem depois dos 25 anos. Nessa idade, no entanto, elas já devem estar em condições de responder a três perguntas: "Quais são meus pontos fortes?", "Como desenvolvo meu trabalho?" e "Quais são meus valores?". Só então devem escolher a carreira a seguir.

Ou melhor, elas deveriam ser capazes de decidir que caminho *não* seguir. Quem sabe que não funciona bem numa grande organização não deve aceitar um emprego numa delas. Quem sabe que não é bom em tomar decisões não deve assumir uma posição que lhe exigirá isso. O general Patton provavelmente nunca soube que foi considerado para chefiar um comando independente, mas, se tivesse recebido o convite, deveria ter dito não.

Saber responder a essas perguntas permite que a pessoa receba uma oportunidade, proposta ou nomeação e diga: "Sim, aceito. Mas vou fazer desse jeito. É assim que deve ser estruturado. Assim devem ser os relacionamentos. Esses são os resultados que você deve esperar de mim e dentro desse prazo, porque é assim que eu sou."

Carreiras bem-sucedidas não são planejadas. Elas se desenvolvem quando o profissional está preparado para as oportunidades, pois ele tem consciência de seus pontos fortes, métodos de trabalho e valores. Saber seu lugar pode transformar uma pessoa comum – esforçada e competente, mas mediana – num profissional de altíssimo nível.

Qual deve ser minha contribuição?

Ao longo da história, poucos indivíduos precisaram se perguntar: "Qual deve ser minha contribuição?" Eles sempre ouviram o que precisavam fazer e suas tarefas eram ditadas pelo próprio trabalho (como no caso do camponês e do artesão) ou por um patrão (como no caso de empregados domésticos). E até há pouco tempo era normal aceitar que a maioria dos funcionários era de subordinados que deviam obedecer a seus superiores. Até as décadas de 1950 e 1960, os novos profissionais do conhecimento se apoiavam no RH da empresa para planejar a carreira.

Ao fim da década de 1960, porém, ninguém mais queria que lhe dissessem o que fazer. Os jovens começaram a se perguntar: "O que *eu* quero fazer?" Como resposta, ouviam que deviam contribuir fazendo "aquilo que tivessem vontade". Essa solução, porém, estava tão equivocada quanto a da geração anterior. Quase ninguém que acreditava que fazer o que quisesse traria contribuição, autorrealização e sucesso experimentou qualquer uma dessas sensações.

Mas não se pode voltar ao passado e fazer apenas o que foi dito ou designado. Os profissionais do conhecimento, em especial, precisam aprender a fazer uma pergunta que ainda não foi feita: "Qual deve ser minha contribuição?" Para responder a ela, precisam considerar três aspectos: "O que a situação exige?"; "Dadas as minhas potencialidades, meu jeito de atuar e meus valores, como contribuir da melhor forma possível?"; e "Que resultados precisam ser atingidos para fazer a diferença?".

Pense na experiência de um administrador hospitalar que acabou de ser contratado. O hospital é grande e prestigiado, mas se vale apenas dessa reputação há mais de 30 anos. O novo administrador decidiu que sua contribuição seria estabelecer em dois anos um padrão de excelência numa área importante do hospital. Resolveu focar o pronto-socorro, que era maior, mais visível e se encontrava em estado deplorável. Então determinou que cada paciente que chegasse ao pronto-socorro teria que ser avaliado por alguém qualificado do setor de enfermagem em 60 segundos. Em 12 meses o atendimento de emergência do hospital tornou-se um modelo para todos os hospitais dos Estados Unidos e dois anos depois a instituição tinha sofrido uma transformação total.

Como sugere o exemplo, quase nunca é possível – que dirá proveitoso – vislumbrar um horizonte muito distante. Em geral, um plano não deve se estender por mais de 18 meses e precisa ser claro e específico. Então, em muitos casos a pergunta a ser respondida deve ser: "Onde e como posso obter resultados que farão a diferença nos próximos 18 meses?" A resposta deve ponderar vários aspectos. Primeiro, não devem ser fáceis de atingir – precisam exigir "flexibilidade". Mas também devem ser possíveis. Mirar resultados inatingíveis ou quase impossíveis não é ser ambicioso: é ser tolo. Segundo, os resultados devem ser significativos, fazer a diferença. Por fim, devem ser visíveis e, se possível, mensuráveis. Com base em tudo isso, surgirá a linha de ação: o que fazer, onde e como começar e que metas e prazos fixar.

Responsabilidade pelos relacionamentos

Poucas pessoas trabalham sozinhas e atingem resultados sozinhas – somente alguns grandes artistas, cientistas e atletas. A maioria trabalha em equipe e é eficiente coletivamente. Isso vale tanto para funcionários de uma organização quanto para autônomos. Gerenciar a si mesmo exige assumir responsabilidade pelos relacionamentos, o que implica duas coisas.

A primeira é aceitar que outras pessoas são tão únicas quanto você e vão se comportar como seres humanos. Isso significa que elas também têm seus pontos fortes, um jeito próprio de fazer as coisas e valores específicos. Portanto, para ser eficiente você precisa conhecer essas características de seus colegas de trabalho.

Parece óbvio, mas poucos dão a devida importância a isso. O normal é a pessoa ser treinada para redigir relatórios no primeiro emprego porque o chefe era leitor. E ela continua a redigi-los mesmo que o chefe seguinte seja ouvinte e os relatórios não sirvam para nada. Em geral, o chefe pensa que o funcionário é estúpido, incompetente e preguiçoso, destinado ao fracasso. Mas isso pode ser evitado se o funcionário observar o novo chefe para descobrir como ele trabalha.

Chefes não são títulos no organograma nem "funções". São pessoas designadas para o cargo graças ao bom desempenho. É obrigação de quem trabalha com eles observá-los para descobrir como agem e adaptar-se ao que os torna mais eficientes. Esse é, na verdade, o segredo de "gerenciar" o chefe.

O mesmo raciocínio vale para todos os colegas. Cada um trabalha de um jeito, e de um jeito que não é o seu. E todos deveriam ter o direito de trabalhar como quiserem, pois o que importa são o desempenho e os valores. O primeiro segredo da eficiência é entender as pessoas com quem você trabalha e de quem depende, para perceber como pode aproveitar seus pontos fortes, estilos e valores. Os relacionamentos profissionais baseiam-se tanto nas pessoas quanto no trabalho em si.

A segunda parte da responsabilidade pelo relacionamento é assumir a responsabilidade pela comunicação. Sempre que começo a trabalhar como consultor em uma organização, as primeiras queixas que ouço se referem a conflitos de personalidade. A maioria decorre do fato de que as pessoas não sabem o que os colegas estão fazendo e como trabalham, ou que contribuição estão se concentrando em oferecer e quais os resultados esperados. Se as pessoas não sabem é porque não perguntaram e ninguém as informou.

Essa falha de comunicação reflete mais a história da humanidade que a estupidez do ser humano. Até há pouco tempo não era preciso dizer isso às pessoas. Na época medieval, a população inteira de uma aldeia tinha o mesmo tipo de atividade. Na zona rural, todos os habitantes de um mesmo vale cultivavam o mesmo produto. As poucas pessoas que se dedicavam a atividades menos "comuns" trabalhavam sozinhas, por isso não precisavam contar a ninguém o que estavam fazendo.

Atualmente a grande maioria trabalha com outras pessoas, que realizam diferentes tarefas e têm diferentes responsabilidades. A vice-presidente de marketing pode ter vindo do setor de vendas e entender tudo sobre o assunto, mas nada sobre funções que nunca exerceu – fixação de preços, propaganda, embalagem, etc. Por isso os encarregados dessas atividades precisam garantir que a vice-presidente de marketing entenda o que eles estão fazendo, por que estão fazendo, como vão continuar fazendo e quais os resultados esperados.

Se a vice-presidente de marketing não entende o que esses especialistas de alto nível de conhecimento fazem, a culpa é deles, não dela. Eles não a instruíram. Por outro lado, é responsabilidade dela garantir que todos os seus colaboradores entendam sua visão de marketing: quais são suas metas, como ela trabalha e o que espera de si mesma e de cada um deles.

Muitas vezes, mesmo aqueles que entendem a importância de assumir responsabilidades pelos relacionamentos não se comunicam de forma eficiente com os colegas. Temem ser tachados de arrogantes, enxeridos ou estúpidos. Mas estão errados. Sempre que alguém chega até um dos colegas e diz "É nisso que eu sou bom. É assim que eu trabalho. Esses são meus valores. Essa é a contribuição em que planejo me concentrar e esses são os resultados que esperam que eu produza", a resposta é "Isso é muito importante, mas por que não me contou antes?".

Pela minha experiência, se você insiste em fazer perguntas como "E o que preciso saber sobre suas maiores qualidades, seu estilo de trabalho, seus valores e sua contribuição?", a reação é sempre a mesma. A verdade, porém, é que profissionais do conhecimento deveriam exigir essas respostas de todos os colegas de trabalho – quer sejam subordinados, superiores, pares ou membros da equipe.

As organizações não são mais construídas sobre força, mas sobre confiança. O fato de haver confiança entre as pessoas não significa necessariamente que elas gostam umas das outras, apenas que se entendem. Assumir responsabilidades pelos relacionamentos, portanto, é imprescindível. É um dever. Se um profissional participa de uma organização como consultor, fornecedor ou distribuidor, ele tem a mesma responsabilidade para com todos os colaboradores da empresa – com aqueles de quem seu trabalho depende e com aqueles que dependem de seu trabalho.

A segunda metade da sua vida profissional

Na época em que trabalho significava tarefas braçais para a maioria das pessoas, não era preciso se preocupar com a segunda metade da vida profissional. Continuava-se a fazer o que sempre tinha sido feito. Aqueles com sorte suficiente para sobreviver a 40 anos de trabalho duro num moinho ou numa estrada de ferro ficariam muito felizes de poder passar o resto da vida sem fazer nada. Atualmente, no entanto, a maior parte das atividades laborais é trabalho de conhecimento e os profissionais do conhecimento não estão "acabados" após 40 anos de atividade – apenas entediados.

É comum ouvir falar da crise de meio de carreira do executivo. Trata-se sobretudo de tédio. Aos 45 anos, a maioria deles atinge o pico da carreira e sabe disso. Após 20 anos fazendo praticamente as mesmas coisas, desenvolveram suas potencialidades a tal ponto que são ótimos no que fazem, porém não estão mais aprendendo, contribuindo, aceitando desafios ou obtendo satisfação no trabalho. No entanto, é provável que ainda tenham 20 anos – talvez 25 – de atividade pela frente. É por isso que, cada vez mais, gerenciar a si mesmo tem levado os profissionais a começar uma segunda carreira.

Há três formas de desenvolver uma segunda carreira: a primeira é agir e começar. Em geral, isso consiste em sair de um tipo de organização e ir para outro: um chefe de divisão de uma corporação, por exemplo, torna-se chefe de um hospital de médio porte. Há também um número cada vez maior de profissionais que mudam totalmente de linha de trabalho: o executivo ou o servidor público que entra na vida religiosa aos 45 anos, por exemplo. Ou o gerente de nível intermediário que abandona a vida corporativa depois de 20 anos para cursar uma faculdade de direito e tornar-se advogado em uma cidade do interior.

Hoje é comum encontrar pessoas buscando novos ares após atingirem um nível moderado de sucesso na primeira carreira. Elas costumam ter habilidades notáveis e sabem trabalhar. Precisam não só participar de uma comunidade – a casa está vazia porque os filhos já se emanciparam – como também ter uma fonte de renda. Acima de tudo, precisam de desafios.

A segunda forma de se preparar para a outra metade da vida profissional é desenvolver uma carreira paralela. Muitas pessoas bem-sucedidas na primeira carreira permanecem na atividade em tempo integral, parcial ou oferecendo consultoria, mas arranjam trabalhos paralelos, por vezes numa organização sem fins lucrativos, aos quais dedicam cerca de 10 horas semanais. Podem assumir a secretaria da igreja que frequentam, por exemplo, ou presidir o conselho local dos escoteiros. Podem administrar abrigos para mulheres que sofreram maus-tratos, trabalhar na ala infantil da biblioteca pública local, participar do conselho escolar, etc.

Por fim, há os empreendedores sociais. Em geral, são pessoas que tiveram uma primeira carreira muito bem-sucedida. Elas adoram seu trabalho, mas não se sentem mais desafiadas. Em muitos casos, continuam fazendo o que sempre fizeram, mas passam cada vez menos tempo nessa atividade. Também começam uma nova carreira, quase sempre numa organização sem fins lucrativos. Meu amigo Bob Buford, por exemplo, fundou uma empresa de televisão de sucesso, onde ainda atua. Além disso, fundou uma organização sem fins lucrativos que trabalha com igrejas protestantes e está formando outra ONG para ensinar empreendedores sociais a gerir iniciativas sem fins lucrativos sem deixar a administração de seus negócios.

Pessoas que gerenciam a segunda metade da carreira ainda são minoria. A maioria costuma "aposentar-se no emprego" e contar os anos até a aposentadoria de fato. Mas é essa minoria, homens e mulheres que entendem uma longa expectativa de vida profissional como uma oportunidade para si e para a sociedade, que se tornará líder e modelo.

Existe um pré-requisito para quem deseja gerenciar a segunda metade da carreira: é preciso começar muito antes. Quando se percebeu, 30 anos atrás, que a expectativa de vida profissional estava aumentando rapidamente, muitos observadores (entre os quais me incluo) acreditavam que os aposentados se tornariam, cada vez mais, voluntários em instituições sem fins lucrativos. Isso não aconteceu. Se o indivíduo não começar no voluntariado por volta dos 40 anos, não será depois dos 60 que o fará.

Da mesma forma, todos os empreendedores sociais que conheço começaram a trabalhar na segunda atividade muito antes de terem atingido o ápice no negócio original. Veja o caso de um advogado bem-sucedido, assessor jurídico de uma grande corporação, que criou um negócio para instalar escolas-modelo em seu estado. Ele começou a trabalhar como voluntário em assuntos legais para as escolas com cerca de 35 anos. Foi eleito para o conselho escolar aos 40 e, aos 50, já milionário, fundou a própria empresa para instalar e administrar escolas-modelo. No entanto, ainda trabalha praticamente em tempo integral como principal assessor na empresa que ajudou a fundar quando era um jovem advogado.

Há ainda outra razão para que um profissional deva começar cedo a desenvolver um interesse por outra área. É muito improvável que alguém passe décadas no mesmo ramo e não sofra um grande revés na profissão ou na vida pessoal. É o caso de um competente engenheiro cuja promoção foi negada aos 45 anos. Ou da conceituada professora universitária que percebeu, aos 42, que nunca integraria o corpo docente de uma grande universidade, apesar de altamente qualificada. Tragédias familiares ocorrem, como um casamento desfeito ou a perda de um filho. Nesses momentos, um segundo grande interesse – não apenas um hobby – pode fazer toda a diferença. O engenheiro, por exemplo, agora sabe que, se não foi muito bem-sucedido em seu emprego, em sua segunda atividade – como tesoureiro da igreja, por exemplo – é competente. A família pode se dissolver, mas na atividade extra que a pessoa escolher ainda existe o sentimento de pertencer a uma comunidade.

Numa sociedade em que o sucesso se tornou tão importante, ter opções é cada vez mais fundamental. Historicamente, não havia o conceito de "sucesso". A esmagadora maioria das pessoas não esperava nada além de permanecer em "seu lugar". A única mobilidade possível era para baixo.

Numa sociedade do conhecimento, porém, esperamos que todos sejam bem-sucedidos, mas isso é impossível. Para a grande maioria, o que existe, no melhor dos casos, é a ausência de fracasso. Para haver sucesso é preciso haver fracasso. É importante ter uma área na qual seja possível contribuir, ajudar a fazer a diferença e ser *alguém*. Isso significa encontrar uma segunda área de atuação – seja numa carreira nova, numa atividade paralela ou em um projeto social – que ofereça a oportunidade de ser líder, ser respeitado ou alcançar o sucesso.

Os desafios de gerenciar a si mesmo podem parecer óbvios, até elementares, e as respostas talvez pareçam autoexplicativas a ponto de soarem ingênuas. Mas gerenciar a si mesmo exige que a pessoa faça coisas novas e sem precedentes. Sobretudo no caso de profissionais do conhecimento, gerenciar a si mesmo requer que você pense e se comporte como um CEO. Além do mais, a mudança de trabalhadores braçais, que apenas cumprem ordens, para profissionais do conhecimento, que precisam administrar a própria carreira, abala profundamente a estrutura social. Todas as sociedades, até as mais individualistas, admitem duas coisas como certas, mesmo que apenas de forma inconsciente: as organizações sobrevivem aos funcionários e a maioria das pessoas permanece onde está.

Atualmente, porém, está ocorrendo o contrário. Os profissionais do conhecimento sobrevivem às organizações e têm mobilidade. A necessidade de gerenciar a própria carreira está provocando uma revolução nos relacionamentos.

Publicado originalmente em janeiro de 1999.

3

Você tem alto potencial?

Douglas A. Ready, Jay A. Conger e Linda A. Hill

ALGUNS FUNCIONÁRIOS SÃO MAIS TALENTOSOS do que outros. Esse é um fato da vida corporativa que poucos executivos e gerentes de RH questionariam. A questão é como tratar as pessoas que parecem ter maior potencial de liderança. Quem se opõe ao tratamento especial argumenta que todos os funcionários são talentosos à sua maneira e, portanto, deveriam ter acesso às mesmas oportunidades de crescimento. Acreditam que dedicar energia e recursos demais a alguns poucos escolhidos pode acabar ofuscando as possíveis contribuições de inúmeros outros funcionários. Mas a discordância não termina aí. Para alguns executivos, a lista de funcionários de alto potencial – e o processo de desenvolvê-los – deveria ser um segredo muito bem guardado. Afinal de contas, por que desmotivar os cerca de 95% de funcionários que não estão nessa lista?

Nos últimos 15 a 20 anos temos estudado programas de formação de novos líderes. Fizemos recentemente uma pesquisa com 45 empresas em todo o mundo sobre como elas identificam e desenvolvem essas pessoas. Depois entrevistamos executivos de RH em uma dúzia dessas companhias buscando entender os critérios para incluir e manter alguém nessa lista. Em seguida, com base nessas informações, entrevistamos funcionários que o RH tinha indicado como astros em ascensão.

Nossa pesquisa deixou claro que listas de talentos promissores existem, mesmo que as empresas não as reconheçam ou que o processo de desenvolver esses talentos seja informal. Das organizações que estudamos, 98% relataram identificar intencionalmente funcionários de alto potencial. Em especial quando os recursos são restritos, as empresas *de fato* dedicam atenção desproporcional a desenvolver pessoas que possam liderá-las no futuro.

Então você pode estar se perguntando: "Como faço para entrar – e permanecer – na lista de funcionários de alto potencial da minha empresa?" Este artigo talvez o ajude a começar a elaborar sua resposta. Pense nele como uma carta para os milhões de funcionários inteligentes, competentes, esforçados e confiáveis que estão progredindo na carreira com alguma satisfação, mas ainda se perguntam aonde querem realmente chegar. Veremos quais são as qualidades específicas dos profissionais talentosos que conquistaram para si uma posição de destaque.

Anatomia do alto potencial

Vamos começar explicando o que é alto potencial. Sua empresa pode ter uma definição diferente ou pode nem sequer distinguir oficialmente esse talento. Contudo, nossa pesquisa mostrou que as organizações tendem a definir da seguinte maneira aqueles 3% a 5% de funcionários com melhor desempenho:

"Funcionários de alto potencial apresentam um desempenho significativamente melhor do que seus pares em várias situações e circunstâncias. Suas atitudes refletem a cultura e os valores da empresa de maneira exemplar. Além disso, demonstram grande capacidade de crescer e ser bem-sucedidos ao longo da carreira – de modo mais rápido e eficiente do que seus pares."

Essa é a anatomia básica de um futuro líder, e tornar-se membro desse grupo de elite começa com três elementos essenciais.

Apresente bons resultados – com credibilidade.

Atingir metas é importante, mas não basta. Você nunca entrará em uma lista de funcionários de alto potencial se não apresentar um desempenho acima da média ou se seus resultados vierem às custas de outra pessoa. Competência é a qualidade fundamental para o alto desempenho. Mas você também precisa provar a sua credibilidade, o que significa construir confiança entre os colegas e, com isso, aumentar sua área de influência.

Vejamos o caso de Jackie Goodwin, executiva de um banco citada pelo RH como funcionária de alto potencial. Jackie começou no departamento de seguros, mas queria mudar para o setor de finanças, onde enxergava mais oportunidades de crescimento. Suas habilidades de gerenciamento eram muito valorizadas e Jackie tinha um histórico bem-sucedido na prestação de serviços financeiros no departamento de seguros. O setor de finanças buscava sangue novo e carecia de um plano de carreira bem estruturado, o que colocava Jackie em uma boa posição como candidata. Na verdade, o currículo dela era compatível ou até mesmo superior ao dos outros funcionários que já trabalhavam naquele setor.

Quando ofereceram a Jackie um trabalho fixo no departamento financeiro – uma promoção a vice-presidente e administradora regional na Alemanha, a segunda maior operação europeia do banco –, ela aceitou, embora as probabilidades estivessem contra ela. Ninguém naquele país tinha ouvido falar no seu nome e Jackie pouco sabia sobre gestão financeira. Além disso, ela não tinha sido a primeira opção do presidente regional, que queria alguém com mais experiência. Seu maior desafio era conquistar credibilidade. A equipe alemã estava acostumada a trabalhar com autonomia, de modo que Jackie percebeu que fracassaria se não conseguisse cativar todos.

A prioridade de Jackie passou a ser ajudar os novos colegas. Nas primeiras três semanas, ela se reuniu com dezenas de gerentes e deixou claro que ainda tinha muito a aprender. Ela também se concentrou em resolver pequenas questões que os incomodavam havia muito tempo – por exemplo, otimizou o processo de abertura de novas contas. Quanto ao chefe cético, ela se empenhou em tirar o máximo de tarefas das mãos dele. Ela perguntava: "Quais tarefas de longo prazo você gostaria de ver concluídas em 90 dias?" Depois começava imediatamente a trabalhar. Jackie percebeu que seu chefe não gostava de confrontos, por isso ela priorizava resolver questões com potencial para conflitos, como reelaborar planos e contratos. Ela conquistou a reputação de solucionadora de problemas e sua influência não parava de crescer. Hoje Jackie coordena todos os empréstimos comerciais do banco e ainda é considerada uma estrela em ascensão.

Domine novos tipos de conhecimento.
No começo da carreira, para ser notado basta dominar o conhecimento técnico exigido pelo trabalho. Conforme se progride, no entanto, é preciso ampliar esse conhecimento. Você começa gerenciando um funcionário ou um pequeno grupo e depois assume equipes e posições mais elevadas que exigem que exercite cada vez mais sua liderança. Por exemplo, nos cargos seniores, a excelência técnica pode ser menos importante do que pensamento estratégico e habilidades motivacionais. Em certo ponto, você vai deparar com o desafio de *deixar de fazer* para *fazer acontecer*. Não aspire, por exemplo, a ser o melhor engenheiro e o melhor líder de design ao mesmo tempo.

Algumas pessoas aprendem essas lições da maneira mais difícil. Um engenheiro de software com talento excepcional, a quem chamaremos de Luke, tinha sido aclamado no decorrer de uma carreira relativamente curta. Confiantes em seu potencial, os gestores de Luke o colocaram à frente de uma equipe que estava criando um novo produto. Gostavam muito de Luke e ele aceitou o desafio, mas fracassou em reconhecer que somente conhecimento técnico não bastaria. Depois de vários prazos perdidos, os executivos da empresa criaram um cargo de "especialista sênior" para manter sua reputação. Enquanto isso, colocaram à frente do grupo outro funcionário tecnicamente habilidoso que também tinha conhecimento em gestão de projetos. Luke, não mais um funcionário de alto potencial, veio a ter uma carreira consideravelmente notável como especialista técnico, mas não assumiu nenhum outro papel de liderança.

Saiba que a atitude faz diferença.
Embora seu desempenho faça com que você seja notado, é sua atitude que mantém você no radar como um futuro líder. Ter habilidades excelentes é sempre importante, mas isso se torna o mínimo esperado à medida que você passa a ser cogitado para papéis mais abrangentes. Um forte candidato à liderança tem uma atitude diferente – deixa de ser "aquele que se enquadra bem na equipe" e passa a ser "aquele que serve de exemplo e ensina".

Anatomia do alto potencial

Funcionários de alto potencial sempre apresentam bons resultados, dominam novos tipos de conhecimento e sabem que a atitude faz diferença. Mas são suas qualidades intangíveis, seus diferenciais, que os destacam de verdade.

Os quatro diferenciais de um futuro líder
1. Busca por excelência
2. Aprendizagem catalítica
3. Espírito empreendedor
4. Sensores dinâmicos

A ascensão do gerente-geral Phil Nolan à cúpula da sua organização, líder de mercado em produtos de limpeza, deveu-se em grande parte às suas qualidades, que serviam de exemplo para os outros funcionários. Phil foi designado para cuidar do produto principal da empresa, um detergente líquido cujas vendas estavam em declínio havia anos. Dois gerentes de marketing bem-conceituados tinham tentado revigorar as vendas do produto baixando o preço, mas sem sucesso. Até que chegou a vez de Phil. Com experiência em desenvolvimento de produtos e não em marketing, ele era o candidato azarão.

Felizmente os diretores viram potencial em Phil, que já havia colocado nos eixos uma equipe de desenvolvimento de produtos cultivando bons relacionamentos e criando um ambiente de trabalho mais cooperativo. Altamente confiável, ele conseguia envolver pessoas em conversas muito sinceras sobre os desafios do mundo empresarial. Como resultado, era capaz de chegar rapidamente ao âmago de um problema e encontrar soluções viáveis. Phil não apenas era excelente em motivar pessoas como também tinha ótimo olho para padrões e visão estratégica notável. Ele aplicou todas essas habilidades no novo trabalho.

No primeiro ano no novo cargo, Phil levou sua equipe a aumentar as vendas em 30%. Na nossa entrevista com a chefe de RH da empresa, ela enfatizou a capacidade de Phil de conquistar as pessoas: "Ele tem humildade, apesar de ser agora o rosto público da marca. Phil ajuda os colegas a ter sucesso em vez de ameaçá-los. Ele é um exemplo para a organização."

O que funcionários de alto potencial têm e os outros não

Você está fazendo tudo certo. Está agregando valor, apresentando bons resultados e dominando novas áreas de conhecimento à medida que enfrenta desafios cada vez mais complexos. Você abraça a cultura e os valores da sua empresa, emana autoconfiança e conquistou o respeito dos outros. Talvez esteja trabalhando 50 horas por semana e recebendo avaliações excelentes. Apesar de tudo isso, seu alto potencial parece não estar sendo reconhecido.

Isso pode tirar qualquer um do sério porque os verdadeiros diferenciais de um futuro líder são de certa forma intangíveis e não costumam aparecer em listas de competências de liderança ou em formulários de avaliação de desempenho. Aqui estão os diferenciais que podem determinar seu ingresso na cobiçada lista de funcionários de alto potencial.

Diferencial nº 1: Busca por excelência

Funcionários de alto potencial não são apenas grandes realizadores. Eles são motivados pelo sucesso. "Muito bom" não é bom o bastante para eles. Nem de longe. Eles sempre estão dispostos a fazer aquele esforço a mais. Se necessário, aceitam sacrifícios na vida pessoal para progredir, o que não significa que não sejam fiéis aos seus valores, mas sua ambição às vezes impõe escolhas muito difíceis.

Diferencial nº 2: Aprendizagem catalítica

Costumamos pensar nesses profissionais como aprendizes incansáveis; porém, embora aprendam continuamente, muitas pessoas carecem de uma orientação voltada para ações ou resultados. Os talentos promissores que encontramos possuem o que chamamos de "aprendizagem catalítica". Eles têm a capacidade de procurar e absorver novas ideias, e o bom senso de traduzir o novo aprendizado em ação produtiva para os seus clientes e a sua empresa.

Diferencial nº 3: Espírito empreendedor
Funcionários de alto potencial estão sempre em busca de maneiras produtivas de trilhar novos caminhos. São exploradores e assumem os desafios de em certos momentos deixar a zona de conforto para avançar. São capazes de dar um passo arriscado – uma missão complexa fora do país, por exemplo, ou uma mudança de departamento que exija habilidades completamente novas. Como estão sempre em busca do sucesso, é fácil pensar que evitariam correr riscos, mas a maioria parece achar que as vantagens – a empolgação e a oportunidade – compensam.

Diferencial nº 4: Sensores dinâmicos
A busca pela excelência e o espírito empreendedor, combinados com o ímpeto de descobrir novas abordagens, poderiam se tornar a receita para um desastre na carreira. Funcionários de alto potencial podem fracassar por vários motivos, como ao aceitar impulsivamente o que parece uma grande oportunidade somente para descobrir que é uma tarefa temporária ou que não haverá recompensa a longo prazo. Também podem se tornar reféns do desejo de agradar, evitando desentendimentos públicos com o chefe ou resistindo a dar um feedback honesto e decepcionante para um colega. Por outro lado, podem ter um radar bem sintonizado que prioriza a qualidade dos resultados.

Além da capacidade de julgamento, talentos promissores possuem o que chamamos de "sensores dinâmicos" para se desviar desses riscos, mesmo que por um triz. Eles têm sensibilidade para identificar o melhor momento de agir, capacidade de interpretar situações rapidamente e faro para oportunidades. Se não fosse assim, seu espírito empreendedor poderia levá-los a tomar decisões imprudentes, mas esses sensores os ajudam a decidir, por exemplo, quando correr atrás de um objetivo e quando recuar. Quem tem alto potencial arruma um jeito de estar no lugar certo na hora certa.

Anatomia de um talento exemplar

Um dos muitos talentos promissores que conhecemos foi Vineet Kapoor, descrito como um astro em ascensão por seus chefes na Synthes, companhia suíça de materiais médicos. Essa empresa avaliada em mais de 3 bilhões de dólares fabrica e comercializa implantes e biomateriais usados em cirurgias e na regeneração de esqueletos e tecidos moles.

Na escola, muito antes de ingressar na Synthes, Vineet pretendia estudar ciências e desejava profundamente melhorar a vida das pessoas em economias emergentes, como a Índia. Esse propósito básico permaneceu com ele, mas sua carreira seguiu um caminho inesperado. Depois da faculdade, para surpresa de seus colegas, ele escolheu contabilidade para obter o conhecimento financeiro que lhe serviria bem em qualquer carreira de negócios. Aceitou uma posição na A. F. Ferguson, firma indiana de contabilidade que possuía uma das maiores carteiras de clientes de auditoria (comprada pela Deloitte em 2004). Depois ele foi para a Arthur Andersen (que fez uma fusão com a Ernst & Young) e, por fim, para a KPMG em Gurgaon, na Índia. Nesta última, seu chefe na época dirigia a empresa no mercado indiano. Inicialmente, esse passo significou uma redução salarial para Vineet, mas também uma nova chance de aprender a construir um negócio.

Outras oportunidades interessantes se abriram para a carreira de Vineet como consultor quando a Lei Sarbanes-Oxley foi promulgada nos Estados Unidos, em 2002. Clientes batiam à sua porta. Embora trabalhar com compliance prometesse uma bela remuneração, aquilo não se adequava às suas prioridades de realizar mudanças positivas e profundas em economias emergentes. Portanto, Vineet foi para a Synthes, onde os seus diferenciais eram claramente evidentes.

Busca por excelência

A busca por sucesso pode levar algumas pessoas ao limite. O segredo é canalizar o instinto. Por exemplo, Vineet procurava sempre pensar como seus superiores, o que significava fazer muitas perguntas – às vezes para consternação dos seus colegas e chefes –, mas ele equilibrava suas indagações constantes com um desejo insaciável de apresentar bom desempenho. Ninguém podia duvidar do seu comprometimento com o trabalho e com a empresa, e sua ambição não mirava um triunfo pessoal. Prova disso é que, como gerente nacional na Índia, ele elaborou um livro de 150 páginas celebrando as contribuições dos colegas e destacando os valores que tinham em comum. O livro se tornou uma espécie de manual para a operação indiana da Synthes e os funcionários o acharam bastante esclarecedor. Esse material repercutiu tanto que alguns funcionários que tinham deixado a companhia acabaram voltando porque a organização havia sido energizada por ele.

O principal combustível de Vineet não era seu desejo de progredir, mas a aspiração original de transformar economias emergentes. Para isso, ele escreveu um plano de negócios de 85 páginas que incluía uma proposta para oferecer educação de qualidade internacional a todos os cirurgiões indianos, incluindo aqueles atuando em regiões remotas. O CEO da Synthes disse que o plano mudou o olhar da companhia para a Índia.

Contar ou não contar que a pessoa tem alto potencial?

A pergunta que não quer calar é: uma empresa deve ou não divulgar sua lista de funcionários de alto potencial? Examinando as políticas corporativas de 45 empresas e considerando nosso trabalho com diversas firmas ao longo dos últimos 15 a 20 anos, descobrimos uma crescente tendência à transparência. A porcentagem de empresas que informam aos seus funcionários que eles têm alto potencial subiu de 70% há cerca de uma década para 85% hoje. Acreditamos que os empregadores estão começando a ver talentos como um recurso estratégico que pode circular, como outras formas de capital. Executivos estão cansados de entrevistas de demissão nas quais funcionários promissores dizem: "Se eu soubesse que vocês tinham planos para mim e que havia de fato a intenção de levá-los adiante, teria ficado."

Por outro lado, divulgar a sua lista de grandes talentos aumenta a pressão para promover as pessoas que constam nela. Se você diz a uma funcionária que a vê como uma futura líder, precisa oferecer-lhe oportunidades concretas de desenvolvimento profissional. Se isso não ocorrer, ela pode se sentir manipulada ou até mesmo desmotivada. Certa vez, em um evento de imersão empresarial, testemunhamos uma quase revolta quando um grupo de futuros líderes disse que se sentia "enganado" – que aquele status era somente uma tática de retenção, sem nenhum plano real de promovê-los. As duas abordagens apresentam riscos: se você não divulgar a lista, poderá perder os funcionários de melhor desempenho; se optar pela transparência, aumentará a expectativa de ações concretas.

Aprendizagem catalítica

Quando Vineet viajou para os Estados Unidos para uma reunião estratégica da Synthes, ele decidiu prolongar a estadia para observar a equipe americana de vendas. Durante essa temporada, Vineet os acompanhou em dezenas de reuniões com clientes. Após chamar a atenção do CEO com sua estratégia de crescimento, Vineet acreditava que a companhia só seria capaz de executá-la com a ajuda de mais funcionários diferentes. Ele usou o que aprendeu com a equipe de vendas dos Estados Unidos para criar um novo perfil de competências para vendedores na Índia, dando ênfase ao empreendedorismo. Ele achava que esse atributo seria crucial para ter sucesso com o mercado indiano.

Espírito empreendedor

Para Vineet, um dos aspectos mais difíceis do crescimento na carreira era deixar sua zona de conforto, tanto profissional quanto pessoal. Ele recusou várias oportunidades, incluindo uma que exigiria se mudar para os Estados Unidos. No fim das contas, assumiu o cargo de diretor de iniciativas estratégicas para a região Ásia-Pacífico, um passo que o forçou a deixar a Índia e se mudar para Singapura. Para se preparar, Vineet concordou em fazer um ano de rotação global, passando parte do seu tempo no escritório corporativo nos Estados Unidos e o restante na sede europeia na Suíça. Ele sabia liderar uma equipe como gerente nacional, mas ajudar outros gerentes nacionais a concretizar as visões *deles* era muito desafiador. Vineet amava administrar o próprio negócio e ter responsabilidade sobre lucros e prejuízos; no novo cargo, desempenharia um papel de apoio e realizaria mudanças por meio de influência, e não de controle direto.

Sensores dinâmicos

Funcionários de alto potencial podem despertar tanto ressentimento quanto admiração – e ambos os casos podem ser fontes de estresse. Um talento promissor de verdade compreende isso e se esforça para reduzir a animosidade. Com certeza Vineet se importava com a maneira como era visto. Quando lhe ofereceram o cargo de gerente nacional na Índia aos 29 anos de idade, ele cogitou recusá-lo porque poderiam achá-lo jovem demais ou inexperiente. Essa noção da percepção alheia é uma característica marcante de um funcionário de alto potencial.

Como desenvolver seus diferenciais

Os diferenciais dos grandes talentos não constam nos modelos de competência de liderança. Tampouco são ensinados ou aprendidos em sala de aula. Apesar disso, você pode aumentar as suas chances de desenvolver esses "quês" a mais.

Identificar seus pontos fracos é o primeiro passo. Por exemplo, se você é sempre surpreendido pelos acontecimentos, é provável que seus sensores dinâmicos não sejam muito fortes. Algumas pessoas têm mais sintonia com o ambiente do que outras, mas você pode melhorar seu radar com medidas simples, como escutar os outros com mais atenção, observar as reações ao que diz e renovar seus relacionamentos profissionais de modo a se aproximar dos novos negócios e mercados que a sua empresa está buscando.

Três Cs que CEOs e profissionais de RH precisam conhecer

À medida que sua lista de funcionários de alto potencial se amplia, siga estes princípios:

- Seja **claro** com o seu pessoal sobre as habilidades e atitudes que a empresa busca para o futuro – e explique por que são tão importantes.
- Seja **consistente** no modo como desenvolve talentos. Evite adotar uma mentalidade de "desenvolvimento para todos" quando a empresa estiver crescendo e depois fazer cortes drásticos quando a situação apertar.
- Seja **criativo** ao empregar a nova geração. Aquele gerente de marketing de Xangai que não se encaixa perfeitamente no seu modelo atual pode ser justamente o talento que falta à empresa para vencer no futuro.

Aprendizagem catalítica exige interesse em agir, e não somente em aprender. Aprender sem mudar comportamentos é uma oportunidade desperdiçada. Pode ser difícil desenvolver motivação ou espírito empreendedor, mas com reflexão é possível começar a ser mais proativo ou correr riscos com mais frequência. Por isso é tão importante investir tempo e energia em autorreflexão. Você também precisa reconhecer o valor de buscar conselhos de um coach ou mentor – e descobrir onde termina a ajuda de um conselheiro e começa sua independência.

O lado ruim de ter seu alto potencial reconhecido

É ótimo ser percebido como alguém competente que pode contribuir para o futuro da empresa, mas esse status tem um preço. Para começar, não há estabilidade. Pessoas podem ser removidas da lista – o que de fato acontece – e outras se retiram voluntariamente ou por omissão porque não têm tempo ou a paixão necessária para essa jornada. Quase todas as empresas que estudamos indicaram que essa lista é dinâmica, e descobrimos que, dos nomes que a integram, 5% a 20% são removidos a cada ano, por decisão própria ou não.

Entre as razões para perder um lugar na lista de funcionários de alto potencial estão: fazer uma transição ruim para um novo cargo; ter queda de desempenho por dois anos consecutivos; comportar-se de modo dissonante da cultura e dos valores da empresa; e fracassar em um projeto importante. Um caso dramático que se destacou na nossa pesquisa foi o de uma profissional, a quem chamaremos Marta, que estava cotada para ser a principal executiva de tecnologia em uma empresa líder de serviços financeiros.

Marta era uma gestora de alto potencial, extremamente inteligente e com habilidades técnicas magníficas, mas deixou que sua inteligência a prejudicasse. Ela não queria "perder tempo" falando com *stakeholders* importantes cujos clientes precisavam de novas aplicações de tecnologia. Ela sempre "tinha a resposta certa", não importava se atendendo ou não às necessidades e expectativas do cliente. Seus sensores dinâmicos e sua aprendizagem catalítica tinham desaparecido. Ela era inteligente, mas não sábia, e todos os esforços para orientá-la fracassaram. Marta era valiosa demais para ser demitida, mas não conseguiu a promoção desejada, o que, no fim das contas, lhe custou uma remuneração de milhões de dólares. Ela continuou dirigindo o projeto de um ponto de vista técnico, mas sua carreira estagnou.

Ser selecionado para disputar um novo cargo de liderança também pode envolver sacrifícios na vida pessoal. Algumas pessoas amam mudar de emprego com frequência, mas, para outras, isso gera um estresse enorme, sem falar nas escolhas difíceis, como as que afetam seus familiares. Os colegas passam a nutrir altas expectativas em relação a você e alguns que não estão na lista podem secreta ou inconscientemente querer que você vacile, ou até mesmo que fracasse por completo.

Entrar para a lista de futuros líderes pode ser uma ótima oportunidade de crescimento. Não queremos desestimular profissionais excelentes a perseguir esse objetivo. Contudo, antes de descobrir *como* entrar na lista, é preciso entender *por que* você quer isso – o que demanda autorreflexão. Você está pronto para esse status? É o que realmente quer? Se sim, as recompensas desse reconhecimento podem ser enormes; se não, é melhor direcionar suas paixões de outra maneira. Seja qual for sua resposta, não esqueça: o bom desempenho sempre importa; a sua atitude faz cada vez mais diferença à medida que você evolui na carreira; e aqueles quatro diferenciais são suas armas secretas.

Publicado originalmente em outubro de 2006.

4
Como se tornar indispensável

John H. Zenger, Joseph R. Folkman e Scott K. Edinger

TOM ERA UM EXECUTIVO DE VENDAS de nível intermediário em uma companhia da *Fortune 500*. Após mais de 10 anos na mesma empresa, ele estava muito bem – atingia suas metas, todos gostavam dele e sempre obtinha avaliações positivas. Então Tom se candidatou a uma promoção para chefiar uma importante iniciativa mundial de alinhamento de produtos, acreditando que era o favorito e que aquele era obviamente o próximo passo na sua carreira, um encaixe perfeito para suas habilidades e ambições. Seu histórico era consistente. Jamais tinha cometido qualquer erro crasso ou feito escolhas que limitassem sua trajetória, tampouco tivera conflitos com a chefia. Ele ficou chocado, portanto, quando um colega menos experiente ficou com o cargo. Qual era o problema?

Até onde Tom sabia, nenhum. Sua chefe garantiu a ele que todos estavam felizes com seu trabalho, algo recentemente confirmado por uma avaliação de 360 graus. Tom estava dentro ou acima do padrão em todas as áreas, competente não apenas em gerar resultados como também em solucionar problemas, em pensar estrategicamente e em inspirar os outros a atingir seu desempenho máximo. "Você não precisa reinventar a si mesmo", disse ela. "Apenas continue fazendo o que já faz. Use os seus pontos fortes."

Mas como? Tom estava confuso. Será que deveria pensar ainda mais estrategicamente? Tornar-se ainda mais inspirador? Solucionar problemas de maneira ainda mais atenta?

Melhorar um ponto fraco é um processo bastante fácil e objetivo; é possível obter resultados constantes e mensuráveis por meio de desenvolvimento linear – ou seja, aprendendo e praticando técnicas básicas. Mas nossas décadas de trabalho com dezenas de milhares de executivos de todo o mundo nos mostraram que desenvolver pontos fortes é muito diferente. Praticar aquilo que você já faz bem só proporciona uma melhora restrita. Para ficar notavelmente melhor, você precisa trabalhar em habilidades complementares – o que chamamos de desenvolvimento *não linear*. Há muito tempo atletas já vêm se familiarizando com isso por meio do *cross-training*. Um corredor novato, por exemplo, aprimora seu desempenho ao fazer exercícios de alongamento e correr algumas vezes por semana, aumentando gradualmente a distância percorrida para desenvolver resistência e memória muscular. Mas um maratonista experiente não ficará muito mais rápido simplesmente correndo distâncias cada vez maiores. Para alcançar o próximo nível, ele precisa suplementar essa estratégia desenvolvendo habilidades complementares por meio de musculação, natação, ciclismo, treino intervalado, ioga e assim por diante.

O mesmo se aplica a competências de liderança. Para mudar do bom para o muito melhor, você precisa fazer uma espécie de *cross-training* nos negócios. Se é talentoso tecnicamente, por exemplo, mergulhar ainda mais em manuais técnicos nem de longe será tão útil quanto aprimorar uma habilidade complementar como comunicação, o que tornará sua expertise mais evidente e acessível a seus colegas de trabalho.

Neste artigo fornecemos um guia simples para se tornar um líder muito mais eficiente. Veremos como Tom identificou seus pontos fortes, decidiu em qual se concentraria e qual habilidade complementar desenvolveria, e quais foram os resultados. O processo é objetivo, mas complementos nem sempre são óbvios. Portanto, primeiro vamos entender melhor o que seria praticar esse *cross-training* em liderança.

Efeito de interação

No *cross-training*, a combinação de duas atividades produz uma melhoria – um *efeito de interação* – muito maior do que qualquer uma das duas poderia produzir sozinha. Não há nada de misterioso aqui. Sabe-se há muito tempo, por exemplo, que combinar dieta com exercícios físicos é bem mais eficaz para a perda de peso do que somente dieta ou exercícios isolados.

Em resumo

Bons líderes podem se tornar excepcionais desenvolvendo apenas alguns dos seus pontos fortes até o nível máximo – mas não fazendo apenas mais do mesmo.

Eles precisam praticar uma espécie de *cross-training* nos negócios – ou seja, ampliar habilidades complementares para fazer um uso mais pleno dos seus pontos fortes.

Por exemplo, habilidades técnicas podem se tornar mais eficientes quando se aprimoram as habilidades de comunicação. Isso faz com que a expertise de um líder fique mais evidente e acessível.

Depois de alcançar o nível da excelência em alguns pontos fortes, líderes se tornam indispensáveis para as suas empresas apesar dos pontos fracos que possam ter.

Na nossa pesquisa anterior, descobrimos 16 competências de liderança que se relacionam fortemente com resultados positivos nos negócios, como aumento na lucratividade, no engajamento dos funcionários, no faturamento e na satisfação dos clientes. Então nos perguntamos se, entre essas 16 competências, poderíamos encontrar pares que produziriam efeitos de interação significativos.

Em busca de pares de competências que, em conjunto, resultariam em pontuações muito mais altas em poder de liderança, recorremos ao nosso banco de dados, composto por mais de 250 mil pesquisas de 360 graus com cerca de 30 mil líderes em desenvolvimento. Os resultados foram inequívocos. Vejamos, por exemplo, as competências "Concentra-se em resultados" e "Desenvolve relacionamentos". Dos líderes que eram razoavelmente fortes (ou seja, que pontuaram no 75º percentil) em se concentrar em resultados, mas não tão bons em desenvolver relacionamentos, apenas 14% atingiram o nível de liderança extraordinário: o 90º percentil em poder de liderança. Do mesmo modo, somente 12% daqueles que eram razoavelmente fortes em construir relacionamentos, mas menos em se concentrar em resultados, atingiram esse nível. No entanto, quando um indivíduo se saía bem nas duas categorias, algo radical acontecia: 72% daqueles no 75º percentil nas duas categorias atingiram o 90º percentil em poder de liderança.

Medimos o grau de correlação entre poder de liderança e todos os pares possíveis das nossas 16 competências diferenciadoras para descobrir quais pares eram os mais potentes. Também combinamos nossas 16 competências com outras habilidades de gestão e medimos como esses pares se relacionavam com o poder de liderança em geral. Descobrimos que cada uma das 16 competências tem até uma dúzia de comportamentos associados – aos quais chamamos *complementos de competência* –, que são altamente relacionados com excelência em liderança quando combinados com a competência principal. (A lista completa das competências e seus complementos está apresentada no quadro "Habilidades que ampliam os pontos fortes".)

Considere a competência "Demonstra honestidade e integridade". Como um líder poderia melhorar um ponto forte como esse? Sendo mais honesto? (Já ouvimos muitas vezes essa resposta.) Não, esse não é um conselho útil. Se um executivo fosse fraco nessa área, poderíamos lhe fazer várias recomendações: comportar-se de maneira mais consistente, evitar dizer uma coisa e fazer outra, cumprir compromissos assumidos e assim por diante. Mas é muito provável que um líder com alta integridade já esteja fazendo essas coisas.

Nossa pesquisa sobre complementos de competência sugere um caminho prático para progredir. Por exemplo, assertividade está entre os comportamentos que, quando combinados com honestidade e integridade, associam-se mais fortemente a altos níveis de poder de liderança. Não queremos insinuar que haja aqui uma relação causal: assertividade não torna alguém honesto e integridade não produz assertividade. Mas, se um líder muito íntegro aprendesse a ser mais assertivo, ele tenderia a se manifestar e a agir com a coragem das suas convicções, aplicando desse modo o seu ponto forte de maneira mais ampla ou frequente e se tornando um líder melhor.

Nossos dados ainda sugerem outras maneiras pelas quais um complemento de competência pode reforçar um ponto forte de liderança. Ele pode tornar a qualidade mais visível, como no caso de uma líder tecnicamente forte que melhora a sua capacidade de se comunicar. Ou as habilidades aprendidas ao desenvolver o complemento podem ser aplicadas à competência principal. Por exemplo, um líder com forte talento para inovar pode aprender a defender mudanças com mais eficácia, estimulando sua equipe a alcançar resultados de maneiras novas e mais criativas.

Habilidades que ampliam os pontos fortes

Nossa pesquisa mostrou que 16 competências de liderança estão fortemente associadas a resultados positivos nos negócios. Cada uma delas tem até 12 "complementos de competência", cujo desenvolvimento fortalece a habilidade principal.

Caráter
Demonstra honestidade e integridade

- Mostra preocupação e consideração pelos outros
- É confiável
- Demonstra otimismo
- É assertivo
- Inspira e motiva os outros
- Lida bem com ambiguidades
- É resoluto
- Concentra-se em resultados

Capacidade pessoal
Demonstra expertise técnica e profissional

- Soluciona problemas e analisa questões
- Desenvolve relacionamentos e networks
- Comunica-se com eficácia e abrangência
- Busca a excelência
- Toma iniciativa
- Desenvolve outras pessoas
- Demonstra honestidade e integridade
- Atua visando aos melhores interesses da equipe

Soluciona problemas e analisa questões

- Toma iniciativa
- É organizado e bom em planejamento
- É resoluto
- Inova
- Quer enfrentar desafios
- Desenvolve perspectiva estratégica
- Atua com independência
- Possui expertise técnica
- Comunica-se com eficácia e abrangência

Inova
- Está disposto a correr riscos e desafiar o *status quo*
- Apoia os outros em seus desafios
- Soluciona problemas e analisa questões
- Defende mudanças
- Aprende rapidamente com o sucesso e o fracasso
- Desenvolve perspectiva estratégica
- Toma iniciativa

Pratica o autodesenvolvimento
- Escuta
- É aberto às ideias das outras pessoas
- Respeita os demais
- Demonstra honestidade e integridade
- Inspira e motiva os outros
- Fornece feedback e desenvolvimento eficazes
- Toma iniciativa
- Está disposto a correr riscos e desafiar o *status quo*

Obtenção de resultados

Concentra-se em resultados
- É organizado e bom em planejamento
- Demonstra honestidade e integridade
- Prevê problemas
- Vê claramente os resultados desejados
- Fornece feedback e desenvolvimento eficazes
- Estabelece objetivos de longo prazo
- Assume pessoalmente a responsabilidade por suas decisões
- Age rapidamente
- Oferece recompensas e reconhecimento
- Cria uma equipe de alto desempenho
- Organiza recursos adequados
- Inova

Estabelece objetivos de longo prazo
- Inspira e motiva os outros
- Está disposto a correr riscos e desafiar o *status quo*
- Conquista o apoio dos demais
- Desenvolve perspectiva estratégica
- Defende mudanças
- É resoluto
- Possui expertise técnica e profissional
- Concentra-se em resultados

Toma iniciativa
- Prevê problemas
- Enfatiza a velocidade
- É organizado e bom em planejamento
- Defende os outros
- Lida bem com ambiguidades
- Cumpre o que diz
- Inspira e motiva os outros
- Define objetivos de longo prazo
- Demonstra honestidade e integridade

Habilidades interpessoais

Comunica-se com eficácia e abrangência

- Inspira e motiva os outros
- Desenvolve perspectiva estratégica
- Estabelece objetivos de longo prazo
- Lida bem com o mundo exterior
- É confiável
- Engaja os outros
- Traduz mensagens com clareza
- Soluciona problemas e analisa questões
- Toma iniciativa
- Inova
- Desenvolve os outros

Inspira e motiva os outros

- Conecta-se emocionalmente com outras pessoas
- Estabelece objetivos de longo prazo
- Demonstra ter visão e direção claras
- Comunica-se com eficácia e abrangência
- Desenvolve os outros
- Colabora e fomenta o trabalho em equipe
- Cultiva a inovação
- Toma iniciativa
- Defende mudanças
- É um exemplo a ser seguido

Constrói relacionamentos

- Colabora e fomenta o trabalho em equipe
- Demonstra honestidade e integridade
- Desenvolve os outros
- Escuta
- Comunica-se com eficácia e abrangência
- Oferece recompensas e reconhecimento
- Pratica a inclusão e valoriza a diversidade
- Demonstra otimismo
- Pratica o autodesenvolvimento

Desenvolve os outros

- Pratica o autodesenvolvimento
- Demonstra preocupação e consideração pelos outros
- É motivado pelo sucesso dos outros
- Pratica a inclusão e valoriza a diversidade
- Desenvolve perspectiva estratégica
- Fornece feedback e desenvolvimento eficazes
- Inspira e motiva os outros
- Inova
- Oferece recompensas e reconhecimento
- Demonstra honestidade e integridade

Colabora e fomenta o trabalho em equipe

- É confiável
- Desenvolve relacionamentos e networks
- Pratica a inclusão e valoriza a diversidade
- Desenvolve perspectiva estratégica
- Estabelece objetivos de longo prazo
- Comunica-se com eficácia e abrangência
- Demonstra honestidade e integridade
- Adapta-se a mudanças
- Inspira e motiva os outros
- Desenvolve os outros

Poder de realizar mudanças

Desenvolve perspectiva estratégica

- Concentra-se nos clientes
- Inova
- Soluciona problemas e analisa questões
- Comunica-se com eficácia e abrangência
- Estabelece objetivos de longo prazo
- Demonstra perspicácia nos negócios
- Defende mudanças
- Inspira e motiva os outros

Defende mudanças

- Inspira e motiva os outros
- Desenvolve relacionamentos e networks
- Desenvolve os outros
- Oferece recompensas e reconhecimento
- Pratica a inclusão e valoriza a diversidade
- Inova
- Concentra-se em resultados
- Está disposto a correr riscos e desafiar o *status quo*
- Desenvolve perspectiva estratégica

Conecta o grupo ao mundo exterior

- Desenvolve uma perspectiva abrangente
- Desenvolve perspectiva estratégica
- Inspira e motiva os outros
- Possui fortes habilidades interpessoais
- Toma iniciativa
- Reúne e assimila informações
- Defende mudanças
- Comunica-se com eficácia e abrangência

Como desenvolver seus pontos fortes passo a passo

Na prática, o *cross-training* de liderança é um processo com etapas bem simples: (1) identifique seus pontos fortes; (2) concentre-se em um ponto forte de sua escolha de acordo com as necessidades da empresa e com seus próprios interesses; (3) selecione um comportamento complementar que você gostaria de aprimorar; e (4) desenvolva-o de maneira linear.

Identifique seus pontos fortes

Há várias maneiras de fazer isso. No entanto, no contexto da liderança eficiente, acreditamos que a sua visão dos próprios pontos fortes (ou até mesmo alguma visão completamente objetiva, supondo que seja possível ter uma) é menos importante do que a das outras pessoas, porque liderança diz respeito à sua influência sobre os outros. É por isso que começamos com um 360 – como Tom fez.

De preferência, você deve fazer isso de maneira psicometricamente válida, por meio de um processo formal no qual você e seus subalternos diretos, colegas e chefes preencham questionários anônimos classificando os seus atributos de liderança em uma escala quantitativa. Você e eles também devem responder a algumas perguntas qualitativas abertas sobre os seus pontos fortes, os seus defeitos capitais (caso tenha algum) e a importância relativa desses atributos para a empresa. Por "defeitos capitais" referimo-nos a características tão negativas que podem sobrepujar quaisquer pontos fortes que você tenha ou possa desenvolver – defeitos que podem fazer sua carreira fracassar.

Nem todas as organizações são capazes ou estão dispostas a conduzir avaliações 360 para todos. Portanto, caso isso não seja viável, você pode solicitar dados qualitativos dos seus colegas se – e esta é uma ressalva importante – você conseguir deixá-los suficientemente à vontade para ser honestos nos seus feedbacks. Você pode criar seu próprio formulário e pedir que as pessoas o devolvam anonimamente. (O quadro "360 informal" sugere algumas perguntas para isso.) Também já vimos conversas individuais e honestas servirem a esse propósito; na pior das hipóteses, elas mostram aos seus colegas de trabalho que você está mesmo interessado em aprimorar a si mesmo. (É improvável, no entanto, que lhe digam diretamente que você tem defeitos capitais.)

Ao interpretar os resultados, as pessoas costumam se concentrar primeiro nas suas pontuações mais baixas. Contudo, a menos que essas pontuações sejam mesmo baixíssimas (no $10^{\underline{o}}$ percentil), isso é um erro. (Descobrimos que esses resultados muito ruins aparecem na avaliação de 20% dos executivos; se você está entre eles, deve corrigir o defeito em questão, e isso pode ser feito de maneira linear.)

Nossas pesquisas mostram de maneira muito evidente que o que torna um líder indispensável para sua empresa não é ser bom em muitas coisas, mas ser excepcional em poucas. Tais qualidades fazem com que os inevitáveis defeitos de um líder sejam relevados. Os executivos no nosso banco de dados que não demonstraram nenhum ponto forte excepcional (ou seja, no $90^{\underline{o}}$ percentil) pontuaram somente no $34^{\underline{o}}$ percentil, em média, em poder de liderança. Mas bastava um ponto forte excepcional para a pontuação subir para o $64^{\underline{o}}$ percentil em média. Ou seja, a diferença entre estar no terço inferior dos líderes e estar quase no terço superior é um único ponto forte extraordinário. Dois pontos fortes extraordinários colocam os líderes mais perto do quartil superior, três os colocam no quintil superior e quatro os colocam quase no decil superior. (Veja o quadro "Que diferença faz um único ponto forte?".)

360 informal

Antes de desenvolver seus pontos fortes, você precisa definir claramente quais são eles, de preferência a partir de uma avaliação de 360 graus formal e confidencial. Se isso não for possível, uma abordagem direta também pode funcionar. Tente fazer aos seus subordinados, colegas e superiores estas perguntas simples, pessoalmente ou por escrito:

- Quais habilidades de liderança você acha que são meus pontos fortes?
- Algo que faço pode ser considerado um defeito capital – uma falha que poderia destruir minha carreira ou me levar ao fracasso no emprego atual se não for corrigida?
- Qual habilidade de liderança, se extraordinária, teria maior impacto na produtividade ou na eficiência da empresa?
- Quais das minhas habilidades de liderança têm maior impacto sobre você?

Empenhe-se ao máximo para demonstrar receptividade e criar uma sensação de segurança (especialmente para subalternos diretos). Deixe claro que está em busca de autodesenvolvimento. Diga aos seus colegas que você está aberto para feedback negativo e que o absorverá de modo adequado e profissional – e sem retaliação. É claro que você precisa cumprir essa promessa ou o processo inteiro fracassará.

Nesse contexto, uma olhada nos resultados da avaliação 360 de Tom esclarece a questão de por que ele não obteve o cargo. Tom não tinha defeitos capitais, mas também não havia demonstrado ainda nenhum ponto forte excepcional. Sem nenhuma qualidade acima do 70º percentil, ele não obteve uma pontuação "boa", muito menos "excelente", em poder de liderança. Qualquer um na empresa com um único ponto forte notável tenderia a superá-lo em oportunidades de promoção. Mas, se Tom conseguisse elevar somente algumas das suas qualidades do 70º para o 80º e depois para o 90º percentil, sua classificação em poder de liderança poderia subir de "acima da média" para "boa" e, depois, para "excepcional". Está claro que aqueles pontos fortes mereciam um exame mais minucioso.

Que diferença faz um único ponto forte?

Elevar uma única competência ao nível da excepcionalidade pode aumentar a sua classificação do terço inferior para quase o terço superior no quesito poder de liderança.

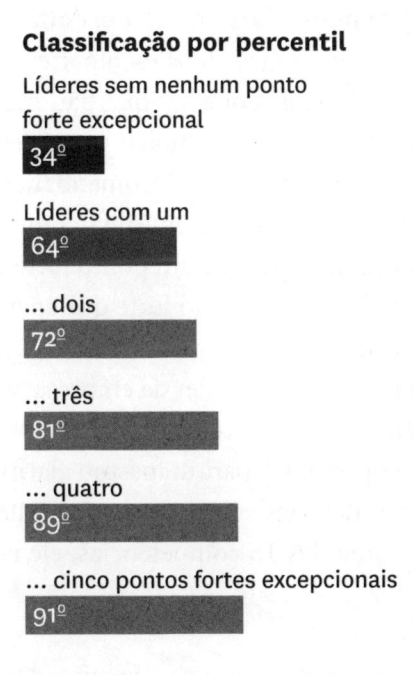

Classificação por percentil

Líderes sem nenhum ponto
forte excepcional
34º

Líderes com um
64º

... dois
72º

... três
81º

... quatro
89º

... cinco pontos fortes excepcionais
91º

Como muitas pessoas, contudo, Tom ficou atordoado pelas pontuações baixas na sua avaliação, o que despertou uma mistura de culpa com negação. Sua pontuação relativamente baixa em construção de relacionamentos evocava memórias desconfortáveis do ensino médio – algo que ele não mencionou ao examinar os resultados com sua chefe. Mas ele reconheceu que esperava uma pontuação mais alta em capacidade de inovação e começou a enumerar iniciativas pelas quais achava que merecia crédito. Talvez ele fosse inovador, talvez não fosse. É comum que a sua autoavaliação seja bastante diferente da avaliação que todos fazem de você. Mas lembre que são as opiniões dos outros que importam.

Quando Tom de fato voltou sua atenção para seus pontos fortes, não ficou surpreso ao ver que pontuara bem em concentrar-se em resultados e em solucionar problemas e analisar questões. Menos óbvias para ele, e talvez mais gratificantes, foram suas pontuações relativamente altas em desenvolver perspectiva estratégica e em motivar os outros. Agora ele podia dar o passo seguinte.

Concentre-se em um ponto forte de sua escolha
É fácil escolher entre bom e mau. Mas escolher entre bom e bom nos faz pensar duas vezes e deliberar. Pode ser que não importe qual competência Tom tenha selecionado, já que ampliar qualquer uma delas melhoraria bastante seu poder de liderança. Recomendamos, porém, que líderes em desenvolvimento se concentrem em uma competência relevante para a empresa e para si mesmos, porque um ponto forte que só você valoriza é essencialmente um hobby e um ponto forte que apenas a empresa valoriza não passa de uma obrigação.

Para ter uma ideia das necessidades da empresa, você pode usar as pontuações de importância dos seus colegas na avaliação 360. Mas identificar as qualidades mais importantes para si mesmo alarmava Tom, que não sabia por onde começar. Responder a algumas perguntas tornou a ideia mais concreta. Para cada uma das 16 competências, ele respondeu ao seguinte questionário:

- Procuro maneiras de melhorar esta habilidade?
- Procuro novas maneiras de utilizá-la?
- Sinto-me energizado, e não exausto, quando a utilizo?
- Busco projetos nos quais possa aplicá-la?
- Consigo me imaginar dedicando tempo a melhorá-la?
- Vai ser bom para mim se eu me tornar melhor neste quesito?

Tom quantificou seus interesses contando cada "sim" a essas perguntas. Uma simples planilha mostrou a ele como suas habilidades, suas paixões e as necessidades da empresa se encaixavam (veja o quadro "Limitando as opções"). Quando Tom analisou suas cinco principais competências, seus cinco maiores interesses e as prioridades da organização, enxergou uma convergência clara. Ele decidiu se concentrar no ponto forte que, por acaso, descobrimos ser o mais universalmente associado a liderança extraordinária: "Inspira e motiva os outros".

Selecione um comportamento complementar
Pessoas que se saem extraordinariamente bem em motivar os outros são boas em convencê-los a agir e a se esforçar. Elas exercem bem o seu poder de influenciar decisões cruciais para o benefício da empresa. Sabem como motivar pessoas diferentes de maneiras diferentes. Portanto, não surpreende que Tom já fizesse essas coisas muito bem. Ele leu a lista de complementos dessa competência:

- Conecta-se emocionalmente com as pessoas
- Estabelece objetivos de longo prazo
- Demonstra ter visão e direção claras
- Comunica-se com eficácia e abrangência
- Desenvolve os outros
- Colabora e fomenta o trabalho em equipe
- Cultiva a inovação
- Toma iniciativa
- Defende mudanças
- É um exemplo a ser seguido

Você deve escolher um comportamento complementar que, como um bom ponto forte, seja importante para a empresa e também empolgue você. Mas, neste ponto, também é construtivo considerar suas pontuações mais baixas. Conversando sobre esses pontos com sua chefe, Tom decidiu desenvolver suas habilidades de comunicação, nas quais tinham obtido uma pontuação que não era alta nem baixa demais; assim, aumentá-la um pouco poderia fazer uma diferença significativa.

Limitando as opções

O ponto forte de sua escolha deve ser importante tanto para a organização quanto para você. Uma simples planilha (como a de Tom, abaixo) pode ajudá-lo a ver onde suas qualidades e interesses convergem nas necessidades da sua empresa. Escolha cinco competências em cada uma das três categorias.

	Suas competências	Suas paixões	Necessidades da empresa	Total
1. Demonstra honestidade e integridade				
2. Demonstra expertise técnica e profissional	X			1
3. Soluciona problemas e analisa questões	X			1
4. Inova		X	X	2
5. Pratica o autodesenvolvimento				
6. Concentra-se em resultados	X			1
7. Estabelece objetivos de longo prazo				
8. Toma iniciativa		X		1
9. Comunica-se com eficácia e abrangência			X	1
10. Inspira e motiva os outros	X	X	X	③
11. Desenvolve relacionamentos			X	1
12. Desenvolve os outros		X		1
13. Colabora e fomenta o trabalho em equipe		X		1
14. Desenvolve perspectiva estratégica	X		X	2
15. Defende mudanças				
16. Conecta o grupo ao mundo exterior				

Desenvolva o complemento de maneira linear

Depois de escolher um complemento de competência, Tom podia trabalhar para melhorar diretamente suas habilidades básicas naquela área. Bons comunicadores falam de modo conciso e fazem apresentações eficientes. Suas instruções são claras. Eles escrevem bem. Sabem explicar com clareza novos conceitos. Ajudam as pessoas a entender como o seu trabalho contribui para objetivos mais amplos do negócio. Podem traduzir termos usados por pessoas em funções diferentes. Tom viu muito espaço para melhoria aí:

ninguém jamais diria que ele era conciso, ele nem sempre terminava as frases que começava e escrever era um desafio.

Nossa recomendação seria que Tom procurasse o máximo possível de oportunidades, tanto dentro quanto fora do trabalho, para melhorar sua comunicação. Ele poderia fazer um curso de redação de negócios. Poderia praticar com amigos e familiares, na sua igreja ou comunidade. Ou se oferecer para fazer apresentações para a chefia ou pedir aos colegas que avaliassem alguns de seus memorandos e e-mails. Poderia se voluntariar a ajudar estudantes do ensino médio a escrever redações de inscrição para as universidades. Poderia filmar a si mesmo fazendo discursos.

Tom decidiu pedir conselhos a um colega cujas habilidades de comunicação ele admirava. Como escrever não estava entre as maiores qualidades de Tom, o colega sugeriu (entre outras coisas) que ele praticasse com mais frequência a comunicação cara a cara ou ao telefone. Foi um desafio e tanto: Tom descobriu que, antes de qualquer coisa, precisava mudar sua abordagem em relação a e-mails, porque tinha o hábito de checá-los e ir respondendo ao longo do dia. Nem sempre conseguia ligar para alguém porque não podia fazer chamadas enquanto estava em uma reunião ou falando com outra pessoa. Então começou a reservar horários específicos do dia para cuidar do seu e-mail e, assim, ter tempo para responder pelo telefone ou pessoalmente – uma pequena mudança que teve consequências inesperadas. Em vez de ser interrompido e distraído em momentos aleatórios ao longo do dia (e da noite), os membros da sua equipe tinham interações programadas e diretas com ele. Eles acharam esses contatos mais eficazes e eficientes, embora não pudessem mais responder aos e-mails confusos de Tom quando (ou se) quisessem. Tom descobriu que se conectava melhor com as pessoas com quem falava diretamente, não só porque sua atenção não estava mais dividida entre eles e seu celular, mas também porque podia interpretar o tom de voz e a linguagem corporal das pessoas. Como resultado, absorvia mais informação e seus colegas sentiam que ele estava mais atento às suas opiniões.

Tom também começou a prestar mais atenção não somente em como estava se comunicando, mas também no que estava dizendo. O colega que o estava ajudando sugeriu que Tom começasse a fazer um registro da frequência com que dava instruções *versus* a frequência com que fazia perguntas. Tom também contabilizou suas críticas (construtivas ou não) *versus* seus elogios. Aumentar a proporção de perguntas e elogios teve um efeito imediato: a equipe de Tom começou a entendê-lo mais rapidamente, de modo que ele não precisava repetir com tanta frequência o que dizia. Vários colegas chegaram até a agradecer-lhe por permitir que eles expressassem seus pontos de vista.

Como Tom, é possível que você perceba provas concretas de melhoria dentro de 30 a 60 dias. Se isso não acontecer, é porque sua estratégia não está funcionando. De todo modo, comportamentos complementares melhoram constantemente com a prática, e o progresso de Tom reflete o efeito mais comum: 15 meses depois, ao ser submetido a outra avaliação 360, ele descobriu que subira para o 82º percentil na sua capacidade de inspirar pessoas. Ainda não era extraordinário, mas estava chegando perto. Nosso conselho seria continuar a escalada – melhorando outro complemento de competência ou dois até que atingisse o 90º percentil e se tornasse realmente excepcional em inspirar os outros. Depois ele poderia recomeçar todo o processo com outro ponto forte e seus complementos, e depois outro. A essa altura, a contribuição dele para a empresa seria única e valiosa.

É possível exagerar?

Todos conhecem alguém que é assertivo demais, técnico demais, concentrado demais nos resultados. Há quem cite exemplos como esses para contestar a estratégia de melhorar o poder de liderança aprimorando os pontos fortes. Na verdade, nossa pesquisa indica um momento de equilíbrio. Os dados sugerem que ter cinco qualidades marcantes em vez de quatro aumenta em apenas dois pontos percentuais o poder de liderança. Portanto, líderes que já são excepcionais devem considerar mais uma variável.

Você observará no quadro "Habilidades que ampliam os pontos fortes" que as 16 competências diferenciadoras dividem-se em cinco categorias mais amplas: caráter, capacidade pessoal, obtenção de resultados, habilidades interpessoais e poder de realizar mudanças. Pessoas que possuem muitos pontos fortes devem considerar como eles se distribuem nessas categorias e concentrar seus esforços em uma categoria menos representada.

Mas não podemos pensar em uma abordagem menos construtiva para melhorar seu poder de liderança do que tratando seus pontos fortes como fracos. Você já conheceu alguém que tinha integridade demais? Que era um comunicador eficiente demais? Que era inspirador demais? Desenvolver complementos de competência funciona justamente porque, em vez de apenas fazer mais do mesmo, você encontra novas maneiras de trabalhar e de interagir, e isso potencializa as qualidades que já tem.

Concentrar-se nos seus pontos fortes está longe de ser uma ideia nova. Há décadas, Peter Drucker defendeu essa premissa com eloquência em *O gestor eficaz*: "A menos que [...] um executivo procure pontos fortes e trabalhe para torná-los produtivos, ele sentirá apenas o impacto de suas limitações, seus defeitos, seus pontos fracos, seus impedimentos ao desempenho e à eficiência. Formar uma equipe a partir do que não existe e se concentrar em pontos fracos é desperdício – um mau uso, se não um abuso, do recurso humano." Desde então, a abordagem de Drucker ganhou defensores e difundiu-se. Nossa pesquisa mostra a enorme diferença que alguns pontos fortes podem fazer. É perturbador descobrir que menos de 10% dos executivos com quem trabalhamos têm algum plano para desenvolvê-los.

Estamos convencidos de que o problema é menos de convicção do que de execução. Executivos precisam de um caminho para amplificar seus pontos fortes que seja tão claro quanto para corrigir seus pontos fracos. Esse é o maior valor, acreditamos, da abordagem *cross-training*: ela permite que as pessoas usem técnicas conhecidas de aprimoramento linear para produzir resultados não lineares.

Muitos profissionais se queixam conosco de que não há um número suficiente de bons líderes nas suas empresas. Diríamos que, na verdade, ter líderes demais é bom – e apenas isso. O desafio não é substituir líderes ruins por bons; é transformar pessoas como Tom – profissionais esforçados, competentes e relativamente bons no que fazem – em líderes excepcionais com pontos fortes que fazem toda a diferença.

Publicado originalmente em outubro de 2011.

5

Como tirar proveito dos seus pontos fortes

Laura Morgan Roberts, Gretchen Spreitzer, Jane Dutton, Robert Quinn, Emily Heaphy e Brianna Barker Caza

A MAIORIA DOS FEEDBACKS enfatiza o lado negativo. Durante avaliações formais de funcionários, as discussões sempre se concentram em "oportunidades de melhoria", mesmo que a avaliação geral seja positiva. No âmbito informal, a ferroada de críticas também dura mais tempo do que o bálsamo de elogios. Vários estudos demonstraram que as pessoas prestam muita atenção em informações negativas. Por exemplo, quando solicitadas a recordar eventos emocionais importantes, para cada memória positiva elas mencionam quatro negativas. Não é de surpreender que a maioria dos executivos faça e receba avaliações de desempenho com todo o entusiasmo de uma criança a caminho do dentista.

É claro que o feedback tradicional, corretivo, tem seu valor; todas as organizações devem filtrar empregados que estão indo mal e assegurar que trabalhem dentro de um nível de competência esperado. No entanto, feedbacks que revelam defeitos podem levar profissionais talentosos a investir tempo demais na correção ou ocultação dos seus pontos fracos, ou a se encaixar a qualquer preço em um modelo inadequado. Ironicamente, enfocar dessa maneira as áreas problemáticas impede que as empresas obtenham o melhor desempenho do seu pessoal. Afinal de contas, é raro encontrar um jogador de futebol que seja bom em todas as posições. Por que um atacante talentoso deveria trabalhar para desenvolver suas habilidades como goleiro?

A alternativa, como sugeriram os pesquisadores Marcus Buckingham e Donald Clifton, entre outros, da Gallup Organization, é fomentar a excelência do atacante identificando e tirando proveito de seus pontos fortes únicos. É um paradoxo da psicologia humana que, embora as pessoas se lembrem mais das críticas, elas reajam mais aos elogios. Críticas as deixam na defensiva e, portanto, pouco propensas a mudar, enquanto elogios geram autoconfiança e o desejo de ter um desempenho melhor. Gestores que desenvolvem seus pontos fortes podem atingir o potencial máximo. Essa abordagem positiva não finge ignorar ou negar os problemas que os mecanismos tradicionais de feedback identificam. No entanto, oferece uma experiência de feedback única que equilibra observações negativas. Permite que gestores explorem pontos fortes dos quais podem ou não estar cientes e, com isso, contribuam mais para as suas organizações.

Ao longo dos últimos anos desenvolvemos uma ferramenta poderosa para ajudar as pessoas a entender e alavancar seus talentos individuais. Chamado de RBS (Reflected Best Self, ou Melhor de Si Mesmo Refletido), nosso método permite que gestores desenvolvam uma ideia da sua "melhor versão" para aumentar seu potencial futuro. O exercício RBS é somente um exemplo de novas abordagens que estão surgindo de uma área de pesquisa chamada estudo organizacional positivo. Assim como psicólogos sabem que as pessoas reagem melhor a elogios do que a críticas, pesquisadores de comportamento organizacional estão descobrindo que, quando empresas se concentram em atributos positivos, como resiliência e confiança, elas podem colher frutos impressionantes no resultado final. (Para saber mais sobre essa pesquisa, visite o site do Center for Positive Organizations.) Milhares de executivos, assim como futuros líderes matriculados em faculdades de administração em todo o mundo, já completaram o exercício RBS.

Neste artigo conduziremos você por um passo a passo do exercício

RBS e descreveremos os insights e resultados que ele pode proporcionar. Antes de continuarmos, porém, devemos fazer algumas advertências. Primeiro, deixar claro que a ferramenta não é projetada para massagear o ego; o propósito dela é ajudar você a desenvolver um plano de ação mais eficiente. (Sem esse plano, você ficará correndo sem sair do lugar.) Segundo, as lições do exercício RBS podem lhe escapar se você não prestar atenção de verdade. Caso esteja sobrecarregado demais, com pouco tempo e muitas demandas, pode acabar simplesmente arquivando as informações e se esquecendo delas. Para ser eficaz, o exercício exige comprometimento, diligência e continuidade. Pode até ser útil ter um coach para manter você nos trilhos. Terceiro, é importante fazer o exercício RBS fora da época das avaliações formais de desempenho na sua empresa, para que o feedback negativo de mecanismos tradicionais não interfira nos resultados do exercício.

Usado corretamente, o exercício RBS pode ajudar você a investigar potenciais até então desconhecidos e inexplorados. Ao dispor de um processo sistemático e construtivo para reunir e analisar dados sobre a melhor versão possível de si mesmo, você será capaz de lapidar seu desempenho no trabalho.

Passo 1: peça feedback a pessoas próximas

A primeira tarefa é buscar feedback de várias pessoas dentro e fora do trabalho. Reunindo opiniões de várias fontes – parentes, colegas antigos e atuais, amigos, professores e daí em diante –, você poderá desenvolver um entendimento muito mais abrangente e rico de si mesmo do que por meio de uma avaliação formal de desempenho.

À medida que formos descrevendo o processo do exercício RBS, destacaremos a experiência de Robert Duggan (nome fictício), cujo processo de autodescoberta foi muito parecido com o dos gestores que observamos. Tendo se aposentado de uma carreira de sucesso nas Forças Armadas ainda bastante jovem e obtido um MBA em uma das principais faculdades de administração, Robert aceitou um cargo intermediário de gestão em uma firma de serviços de TI. Apesar das boas credenciais e da experiência em liderança, Robert permanecia preso na mesma posição

Em resumo

A maioria dos feedbacks se concentra em aspectos negativos. Durante avaliações formais de funcionários, as discussões sempre se demoram em "oportunidades de melhoria", mesmo que no fim das contas a avaliação seja positiva. Não à toa, os feedbacks são temidos por grande parte dos gestores e seus subordinados.

É claro que o feedback tradicional, corretivo, tem seu valor; todas as organizações devem identificar empregados que estão indo mal e assegurar que trabalhem dentro de um nível de competência esperado. No entanto, dar muita ênfase às áreas problemáticas impede que as empresas obtenham o melhor desempenho de cada profissional. Afinal de contas, é raro encontrar um jogador de futebol que seja bom em todas as posições. Por que um atacante talentoso deveria trabalhar para desenvolver suas habilidades como goleiro?

Este artigo apresenta uma ferramenta para ajudá-lo a entender e alavancar seus pontos fortes. Chamado de exercício RBS (Reflected Best Self, ou Melhor de Si Mesmo Refletido), ele oferece uma experiência de feedback única que equilibra observações negativas. E permite que você descubra e explore seus talentos e, com isso, aumente o potencial da sua carreira.

Para iniciar o exercício RBS, primeiro você deve pedir a familiares, amigos, colegas e professores que lhe deem exemplos específicos de situações em que seus pontos fortes tenham sido particularmente benéficos. Em seguida, identifique os temas recorrentes nesses feedbacks, organizando-os em uma tabela para delinear claramente suas qualidades. Então você deve elaborar seu autorretrato – uma descrição de si mesmo com base nas informações coletadas. Por fim, precisa revisar sua autodescrição profissional para evidenciar seus maiores talentos.

O exercício RBS vai ajudá-lo a descobrir seu máximo potencial. Ao conhecer a melhor versão de si mesmo, você saberá escolher melhor as posições em que deve jogar – tanto agora quanto na próxima fase da sua carreira.

ano após ano. Suas avaliações de desempenho eram geralmente positivas, mas não o bastante para colocá-lo na lista de líderes mais promissores. Desmotivado e desiludido, ele ficava cada vez mais frustrado com a sua empresa. Um dia típico de trabalho lhe parecia cada vez mais um episódio da série de TV *Survivor*.

Buscando melhorar seu desempenho, Robert matriculou-se em um programa de formação executiva e fez o exercício RBS. Como parte do processo, solicitou feedback de 11 pessoas do seu passado e do presente que o conheciam bem. Ele selecionou um grupo variado, mas equilibrado – a esposa e dois outros parentes, dois amigos do seu programa de MBA, dois companheiros do seu período no Exército e quatro colegas atuais.

Depois Robert pediu a essas pessoas que listassem seus pontos fortes e dessem exemplos específicos de situações nas quais Robert usou tais qualidades de modo significativo para elas, para suas famílias ou equipes, ou para suas organizações. Muitas pessoas – inclusive Robert – sentem-se desconfortáveis solicitando feedback positivo, especialmente de colegas. Habituados a ouvir ao mesmo tempo sobre suas qualidades e seus defeitos, muitos executivos imaginam que qualquer feedback exclusivamente positivo será irrealista, até mesmo falso. Alguns também se preocupam com a possibilidade de parecerem presunçosos ou egocêntricos. Contudo, após aceitarem que o exercício os ajudará a melhorar seu desempenho, esses profissionais tendem a mergulhar de cabeça no processo.

Solicitando feedback

Segue um exemplo de mensagem a ser usada quando você solicitar feedback de parentes, amigos, professores e colegas.

Caro colega,
    Estou trabalhando em um plano de desenvolvimento pessoal. Como parte do processo, gostaria de reunir feedback de várias pessoas próximas para me ajudar a entender como posso contribuir melhor para o nosso trabalho. Espero que você esteja disposto a compartilhar suas opiniões comigo.
    Pela sua perspectiva, quais você diria que são meus pontos fortes? Apenas dois ou três já seriam muito úteis, de preferência se pudesse citar exemplos específicos de situações nas quais essas minhas qualidades foram significativas para você. Seu feedback sincero e seus exemplos me ajudarão a moldar meu plano de desenvolvimento.
    Obrigado por dedicar seu tempo a me ajudar.

Cordialmente,
X

Em dez dias, Robert recebeu respostas por e-mail de todas as 11 pessoas, com exemplos específicos de contribuições importantes que ele havia feito – incluindo buscar qualidade mesmo com um prazo apertado, ser inclusivo ao se comunicar com um grupo diverso e investigar informações cruciais. As respostas que recebeu o surpreenderam. Como militar veterano e profissional bem preparado com MBA, Robert raramente cedia às suas emoções. Contudo, ao ler aqueles depoimentos, ficou bastante tocado – como se estivesse ouvindo discursos elogiosos em uma festa em sua homenagem. As histórias também eram surpreendentemente convincentes. Ele tinha mais pontos fortes do que sabia. (Para mais informações sobre o Passo 1, veja o quadro "Obtendo feedback".)

Obtendo feedback

Um passo crucial no exercício RBS envolve solicitar feedback de familiares, amigos, professores e colegas. Um modo eficaz de fazer isso é por e-mail, não somente porque é confortável e rápido, mas também porque isso facilita transferir as respostas para uma tabela de análise, como a apresentada mais adiante.

Abaixo temos o feedback que Robert recebeu de uma colega atual e de um ex-companheiro do Exército.

De: Amy Chen
Para: Robert Duggan
Assunto: Re: Pedido de feedback

Querido Robert,
Uma das suas qualidades mais valiosas é sempre defender a coisa certa. Por exemplo, lembro quando estávamos atrasados em um projeto para um cliente importante e a qualidade começou a cair. Você convocou uma reunião e disse que tínhamos uma escolha a fazer: poderíamos tirar nota 6 atendendo às exigências mínimas ou poderíamos tirar nota 10 fazendo um trabalho excelente. Você nos lembrou que era possível obter um resultado melhor. No fim das contas, cumprimos o prazo e o cliente ficou muito satisfeito.

De: Mike Bruno
Para: Robert Duggan
Assunto: Re: Pedido de feedback

Uma das suas melhores características é persistir diante das adversidades. Lembro quando nós estávamos liderando tropas sob forte tensão. Recebíamos informações conflitantes dos oficiais em campo e do quartel-general. Você exigiu que eles conversassem entre si e chegassem a um consenso apesar de toda a pressão e do tempo limitado que tínhamos. Aquelas informações salvaram nossas vidas. Em nenhum momento você perdeu a calma nem deixou de esperar o melhor de todos os envolvidos.

Passo 2: reconheça padrões

Nesta etapa Robert procurou temas em comum entre os feedbacks, acrescentando observações próprias aos exemplos e, depois, organizando todas as opiniões em uma tabela. (Uma parte da tabela de Robert está apresentada no quadro "Encontrando temas em comum".) Como muitos que participam do exercício RBS, Robert esperava que, dada a diversidade dos avaliadores, os comentários que receberia seriam inconsistentes ou até

Encontrando temas em comum

Criar uma tabela ajuda você a entender melhor o feedback. Ao agrupar exemplos, é possível comparar as respostas com mais facilidade e identificar temas recorrentes.

Temas recorrentes	Exemplos	Interpretação possível
Ética, valores e coragem	• Eu me manifesto quando meus colegas e superiores ultrapassam os limites éticos. • Não tenho medo de defender minhas convicções. Confronto as pessoas quando as vejo jogando lixo no chão ou gritando com crianças.	• Sou a melhor versão de mim mesmo quando escolho o caminho mais correto em vez do mais fácil. Tenho ainda mais satisfação quando consigo passar algum ensinamento. Sou um profissional corajoso.
Curiosidade e perseverança	• Desisti de uma carreira promissora nas Forças Armadas para obter meu MBA. • Investiguei e solucionei uma falha de segurança a partir de uma abordagem inovadora.	• Gosto de enfrentar novos desafios. Aceito correr riscos e persisto mesmo diante de obstáculos.
Habilidade para montar equipes	• No ensino médio, montei um grupo de alunos que ajudou a aprimorar os padrões acadêmicos da minha escola. • Sou flexível e estou disposto a aprender com as outras pessoas, sempre dando a elas o devido crédito.	• Alcanço ótimos resultados quando trabalho em estreita colaboração com outras pessoas.

mesmo conflitantes. Ficou impressionado com a uniformidade deles. Os comentários da esposa e dos parentes eram parecidos com os dos seus companheiros do Exército e colegas de trabalho. Todos mencionaram a coragem de Robert sob pressão, seus padrões éticos elevados, sua perseverança, sua curiosidade, seu poder de adaptação, seu respeito à diversidade e sua habilidade para montar equipes. Robert se deu conta de que até mesmo comportamentos pequenos e inconscientes tinham impressionado, e muito, outras pessoas. Ele já havia se esquecido de muitos dos exemplos citados até ler os feedbacks, porque naquelas situações tinha agido de um modo perfeitamente natural para ele.

O exercício RBS confirmou a ideia que Robert tinha de si mesmo, mas, para aqueles que não têm consciência das próprias qualidades, esse processo pode ser esclarecedor. Edward, por exemplo, era executivo em uma firma automotiva e acabara de obter seu MBA. Seus colegas e subordinados eram mais velhos e experientes, e ele se sentia desconfortável quando precisava discordar deles. Mas aprendeu por meio do exercício RBS que seus colegas valorizavam suas opiniões divergentes e sinceras e respeitavam sua maneira diplomática e respeitosa de expressá-las. Graças a isso, Edward tornou-se mais ousado ao defender suas ideias, porque agora sabia que seu chefe e seus colegas lhe davam ouvidos, aprendiam com ele e valorizavam o que tinha a dizer.

Outras vezes o exercício RBS mostra novas nuances para habilidades conhecidas. Beth, por exemplo, era uma advogada que representava organizações sem fins lucrativos. Durante toda a sua vida disseram a Beth que ela era boa ouvinte, mas as pessoas que lhe deram feedback RBS também observaram outro diferencial que a tornava especialmente eficiente: sua maneira interativa, empática e perspicaz de ouvir o outro. Esse feedback específico encorajou Beth a liderar negociações futuras que exigiam comunicações delicadas e diplomáticas.

Para pessoas naturalmente analíticas, a parte de reflexão do exercício serve tanto para integrar o feedback quanto para exibir um quadro mais abrangente das suas capacidades. A engenheira Janet, por exemplo, achou que poderia estudar seus feedbacks como faria com o desenho técnico de uma ponte estaiada. Ela viu aquele retrato de si mesma como algo a questionar e melhorar. Mas, ao ler os comentários de familiares, amigos e colegas, viu-se também em um contexto mais global e humano. Com o tempo, as histórias que leu sobre seu entusiasmo e seu amor pelo design ajudaram-na a repensar sua carreira e mirar em mais papéis de gestão, de modo que pudesse liderar e motivar outras pessoas.

Passo 3: desenhe seu autorretrato

O próximo passo é escrever uma autodescrição que resuma e incorpore as informações coletadas. Essa descrição deve entremear temas dos feedbacks com suas observações em relação a si mesmo para criar o retrato da sua melhor versão. Não se trata de um perfil psicológico e cognitivo completo, e sim de uma imagem sugestiva que possa funcionar como lembrete das suas contribuições anteriores e guia para ações futuras. O autorretrato em si não precisa ser uma lista; pode ser um texto corrido começando com a frase "Quando estou no meu melhor, eu...". O processo de escrever uma narrativa de dois a quatro parágrafos consolida a sua melhor autoimagem na sua consciência. A narração também ajuda você a correlacionar temas na sua vida que antes pareciam desconectados. Compor o autorretrato leva tempo e exige concentração, mas, no fim do processo, você terá uma imagem rejuvenescida de quem é.

Ao elaborar seu autorretrato, Robert reutilizou as palavras que os outros usaram para descrevê-lo, arrematando com a ideia que ele mesmo tinha de sua melhor versão. Descartou competências que pareciam equivocadas, o que não quer dizer que as tenha desconsiderado – apenas queria ter certeza de que o retrato geral parecesse autêntico e poderoso. Ele escreveu:

> Quando estou no meu melhor, defendo meus valores e consigo fazer os outros entenderem a importância disso. Escolho o caminho mais correto em detrimento do mais fácil. Gosto de dar o exemplo. Quando estou aprendendo algo e tenho curiosidade e paixão por um projeto, sou capaz de trabalhar intensa e incansavelmente. Consigo estabelecer limites e encontrar alternativas quando uma abordagem não está funcionando. Não presumo que estou sempre certo ou que sei mais, e isso conquista o respeito dos outros. Tento empoderar e dar crédito às demais pessoas. Sou tolerante e aberto às diferenças.

À medida que compunha seu retrato, Robert começou a compreender por que não tinha apresentado o seu melhor desempenho no trabalho: ele carecia de um senso de missão. No Exército, ficava satisfeito em saber que a segurança das pessoas que liderava, assim como a da nação à qual servia, dependia da qualidade do seu trabalho. Ele gostava da sensação de atuar em equipe e da variedade de problemas a resolver. No entanto, como gerente de TI lidando com manutenção rotineira de produtos de hardware, ele se sentia entediado e isolado das outras pessoas.

Escrever seu retrato também ajudou Robert a desenvolver uma noção mais vívida e complexa do que os psicólogos chamariam de "eu possível" – não somente a pessoa que ele era no seu trabalho cotidiano, mas a pessoa que poderia ser em contextos totalmente diferentes. Pesquisadores do mundo corporativo têm mostrado que, quando passamos a conhecer a melhor versão de nós mesmos, somos capazes de fazer mudanças positivas na nossa vida.

Passo 4: reformule seu emprego

Tendo identificado seus pontos fortes, o passo seguinte de Robert era reformular a descrição do seu cargo para desenvolver aquilo em que era bom. Dado que o trabalho de manutenção o desmotivava, o desafio de Robert era encaixar melhor seu cargo em sua melhor versão. Como a maioria dos participantes do RBS, ele descobriu que os pontos fortes identificados pelo exercício poderiam ser utilizados na sua posição atual e para isso bastava fazer pequenas mudanças em como trabalhava, na composição da sua equipe e em como administrava o seu tempo. (A maioria dos empregos garante certa liberdade em todas essas áreas; o truque é agir dentro dos limites do seu cargo para reformular o trabalho pelas beiradas, permitindo tirar o melhor proveito de seus pontos fortes.)

Robert começou agendando reuniões com designers e engenheiros de sistemas que tinham lhe dito que estavam com dificuldades em trocar informações oportunas com a equipe de manutenção de Robert. Se a comunicação melhorasse, acreditava Robert, os novos produtos não sofreriam dos mesmos problemas de manutenção, graves e custosos, vistos no passado. Tendo levantado um robusto histórico dos problemas e compreendendo melhor suas habilidades analíticas e criativas de formação de equipes, Robert começou a se reunir regularmente com os designers e engenheiros para trocar ideias sobre como prevenir problemas nos novos produtos. As reuniões satisfaziam duas das necessidades mais profundas da melhor versão de Robert: ele estava interagindo com mais pessoas no trabalho e aprendendo ativamente sobre design e engenharia de sistemas.

Os esforços de Robert não passaram despercebidos. Executivos importantes destacaram sua iniciativa e sua capacidade de colaborar em várias funções, assim como o papel crucial que ele desempenhava em tornar novos produtos mais confiáveis. Eles também notaram que Robert dava os devidos créditos aos seus colaboradores. Em menos de nove meses, seu empenho foi recompensado com uma promoção a gerente de programas. Além de ganhar um salário maior e mais visibilidade, Robert passou a gostar mais do seu trabalho. Sua paixão foi reacendida; ele se sentia intensamente vivo e autêntico. Sempre que se sentia desmotivado ou sem energia, ele relia os e-mails com os feedbacks originais que recebera. Em situações difíceis, aquelas mensagens o ajudavam a ficar mais resiliente.

Robert conseguiu alavancar seus pontos fortes para obter um melhor desempenho, mas há casos nos quais as descobertas do RBS se chocam com as realidades de determinado emprego. Foi o caso de James, um executivo de vendas que, conforme nos disse, estava "em um mundo de dor" na empresa onde trabalhava. Incapaz de atingir suas ambiciosas metas de vendas, cansado de viajar ao redor do mundo apagando incêndios, com a vida familiar à beira do colapso, James já tinha sofrido bastante. O exercício RBS revelou que ele estava no seu melhor quando gerenciava pessoas e liderava mudanças, mas essas habilidades naturais não entravam nem poderiam entrar em jogo no seu emprego atual. Pouco tempo depois de fazer o exercício, ele deixou sua posição altamente estressante e fundou a própria empresa de sucesso.

Outras vezes as descobertas ajudam profissionais a almejar posições nunca sonhadas na mesma organização. Sarah, administradora de alto nível em uma universidade, compartilhou o retrato de sua melhor versão com colegas influentes, pedindo-lhes que identificassem maneiras de aproveitar melhor seus pontos fortes e talentos. Eles sugeriram que ela seria a candidata ideal para uma nova posição executiva. Em outros tempos ela jamais consideraria se candidatar àquele cargo, acreditando não ter as qualificações necessárias. Para sua surpresa, ela derrotou com facilidade todos os demais candidatos.

Mais que bom o suficiente

Embora as críticas sejam muito lembradas, observamos que ter consciência das falhas não se traduz necessariamente em melhor desempenho. Com base nisso, o exercício RBS ajuda você a se lembrar dos seus pontos fortes – e a construir um plano para desenvolvê-los. Conhecer suas qualidades também contribui para que lide melhor com suas fraquezas – e conquiste a confiança necessária para mencioná-las. Isso lhe permite dizer: "Sou ótimo em liderar, mas terrível com números. Portanto, em vez de me ensinar contabilidade, arrume para mim um bom parceiro de finanças." Isso também possibilita que você seja mais claro ao abordar seus pontos fracos como gestor. Quando Tim, um executivo de serviços financeiros, recebeu feedback de que era um ótimo ouvinte e coach, ele também ficou ciente de que costumava passar tempo demais motivando a equipe e tempo de menos mantendo os funcionários concentrados na tarefa. Susan, uma executiva sênior de publicidade, teve o problema oposto: embora os feedbacks tenham louvado sua gestão voltada para resultados, ela se perguntou se deveria ter dado mais espaço a seus funcionários para aprender e cometer erros.

No fim das contas, ao enfocar seus pontos fortes, o exercício RBS ajuda você a ultrapassar o nível de "bom o suficiente". Quando descobre sua melhor versão, você passa a usar suas maiores qualidades para escolher as posições nas quais pretende jogar – tanto agora quanto na próxima fase da sua carreira.

Publicado originalmente em janeiro de 2005.

6

O poder das pequenas vitórias

Quer engajar de verdade seus funcionários?
Ajude-os a enxergar o próprio progresso.
Teresa M. Amabile e Steven J. Kramer

QUAL É A MELHOR MANEIRA DE MOTIVAR ações inovadoras dentro de uma empresa? Algumas pistas importantes podem ser encontradas ao olharmos a trajetória de criadores ilustres. Cientistas, profissionais de marketing, programadores e outros anônimos que trabalham com informação – aos quais chamamos *trabalhadores do conhecimento* – têm mais em comum com inovadores famosos do que a maioria dos gestores poderia imaginar. Os eventos que despertam suas emoções, alimentam sua motivação e ativam sua percepção em um dia normal de trabalho são fundamentalmente os mesmos.

A *dupla hélice*, livro de 1968 no qual James Watson relata sua descoberta da estrutura do DNA, descreve a montanha-russa de emoções que ele e Francis Crick vivenciaram ao longo do trabalho que acabou rendendo aos dois o prêmio Nobel. Depois da primeira e empolgante tentativa de construir um modelo para o DNA, Watson e Crick perceberam alguns erros graves. Segundo Watson, seus "primeiros minutos com os modelos [...] não foram alegres". Mais tarde naquela noite, no entanto, eles sentiram o ânimo voltar graças a "uma forma que começou a surgir". Mas, quando mostraram seu suposto avanço para os demais colegas, descobriram que aquele modelo não funcionaria. Quando a dupla finalmente apresentou um modelo que não continha erro algum, Watson escreveu: "Meu moral foi às alturas, pois eu suspeitava que agora tínhamos a resposta para o enigma." Watson e Crick ficaram tão motivados por esse sucesso que praticamente passaram a morar no laboratório tentando concluir o trabalho.

Durante esses episódios, o progresso de Watson e Crick – ou a falta dele – governava suas reações. Na nossa pesquisa recente sobre trabalho criativo dentro do mundo dos negócios, tropeçamos em um fenômeno notavelmente parecido. Por meio de uma análise minuciosa de diários mantidos por trabalhadores do conhecimento, descobrimos o *princípio do progresso*: de todos os fatores que podem aumentar as emoções, a motivação e as percepções durante um dia de trabalho, o mais importante é progredir em algo significativo. E quanto mais as pessoas experimentam essa sensação de progresso, mais tendem a ser criativas e produtivas a longo prazo. Estejam elas tentando solucionar um grande mistério científico ou simplesmente criar um produto ou serviço de alta qualidade, o progresso cotidiano – até mesmo uma pequena vitória – pode fazer toda a diferença no seu estado de espírito e no seu desempenho.

O poder do progresso é fundamental para a natureza humana, mas poucos gestores entendem isso ou sabem alavancá-lo para aumentar a motivação. Na verdade, motivação no trabalho tem sido tema de constantes debates. Em uma pesquisa sobre estratégias de motivação, descobrimos que para alguns gestores o mais importante era reconhecer um trabalho bem-feito, enquanto outros investiam mais em incentivos tangíveis. Alguns se concentravam no apoio interpessoal, enquanto outros valorizavam objetivos claros. O mais interessante é que, dos gestores que entrevistamos, pouquíssimos classificaram o progresso em primeiro lugar. (Veja o quadro "Uma surpresa para os gestores".)

Se você exerce um cargo de gestão, saiba que o princípio do progresso tem implicações diretas nas suas prioridades. Ele sugere que você tem mais influência do que imagina sobre o bem-estar, a motivação e a produção

> ## Em resumo
>
> Qual é a melhor maneira de motivar funcionários a fazer um trabalho criativo? Ajude-os a dar um passo adiante todos os dias. Ao analisarmos os diários de trabalhadores do conhecimento, descobrimos que nada melhorava mais a vida profissional interior deles (ou seja, as emoções, motivações e percepções cruciais para o desempenho) do que progredir em trabalhos significativos. Se uma pessoa está motivada e feliz ao fim de um dia de trabalho, é bem provável que tenha realizado algo, ainda que pequeno. Se ela deixa o escritório se arrastando, desanimada e sem alegria, o mais provável é que tenha havido um contratempo. O princípio do progresso sugere que gestores têm mais influência do que imaginam no bem-estar, na motivação e na produção criativa de seus funcionários.
>
> O segredo é aprender quais são as ações que apoiam o progresso – como definir objetivos claros, oferecer tempo e recursos suficientes e reconhecer um trabalho bem-feito – e quais têm o efeito contrário. Até pequenas vitórias podem melhorar imensamente a vida profissional interior. Por outro lado, pequenas perdas ou contratempos podem ter um efeito bastante negativo. E para ser significativo o trabalho não precisa envolver a cura do câncer – basta que seja importante para a pessoa que o realiza. As ações que colocam em movimento o ciclo de feedback positivo entre progresso e vida profissional interior podem soar como um curso introdutório de gestão, mas é necessário disciplina para estabelecer novos hábitos. Para isso, fornecemos um checklist que os gestores podem usar diariamente para monitorar seus comportamentos que impulsionam o progresso.

criativa dos seus funcionários. Saber o que catalisa e nutre o progresso – e o que surte efeito contrário – acaba sendo o verdadeiro segredo para gerenciar de modo eficiente as pessoas e o trabalho delas.

Neste artigo compartilhamos o que aprendemos sobre o poder do progresso e como gestores podem alavancá-lo. Explicamos como o foco no progresso promove ações gerenciais concretas e fornecemos um checklist para tornar esses comportamentos habituais. Mas, para deixar claro por que essas ações são tão poderosas, vamos primeiro descrever a nossa pesquisa e o que os diários dos trabalhadores do conhecimento revelaram sobre a *vida profissional interior*.

Vida profissional interior e desempenho

Durante quase 15 anos temos estudado as experiências psicológicas e o desempenho de pessoas que realizam trabalhos complexos dentro de organizações. Logo no começo percebemos que um motivador central do desempenho criativo e produtivo era a qualidade da vida profissional interior – a combinação de emoções, motivações e percepções no decorrer de um dia de trabalho. Quão felizes os funcionários se sentem; quão motivados são por um interesse genuíno no trabalho; quão positivamente veem a empresa, a chefia, a equipe, o trabalho e a si mesmos – tudo isso se combina para fazê-los atingir níveis mais altos de realização ou para desmotivá-los.

Para entender melhor tais dinâmicas interiores, pedimos a membros de equipes de projetos para responder individualmente a uma pesquisa ao fim de cada expediente, por e-mail, durante todo o tempo de duração do projeto – pouco mais de quatro meses, em média. (Para saber mais sobre essa pesquisa, veja o nosso artigo "Inner work life: Understanding the subtext of business performance", ou Vida profissional interior: compreendendo o subtexto do desempenho nos negócios, HBR de maio de 2007.) Todos os projetos – inventar equipamentos para a cozinha, gerenciar linhas de produtos de limpeza e solucionar problemas complexos de TI, por exemplo – envolviam criatividade. A enquete diária perguntava aos participantes sobre suas emoções e seu humor, seus níveis de motivação e suas percepções do ambiente de trabalho daquele dia, e também indagava que trabalho tinham feito e quais acontecimentos tinham se destacado.

Ao todo participaram 26 equipes de projetos de sete companhias diferentes, envolvendo 238 indivíduos, o que nos forneceu quase 12 mil anotações de diários. Naturalmente, todos os participantes experimentaram altos e baixos. Nosso objetivo era descobrir os estados da vida profissional interior e os acontecimentos diários que se relacionavam com níveis mais altos de produção criativa.

Uma surpresa para os gestores

Em uma edição de 1968 da *HBR*, Frederick Herzberg publicou um artigo agora clássico intitulado "Mais uma vez: como você motiva os funcionários?". Nossas descobertas corroboram sua mensagem: as pessoas ficam mais satisfeitas com seus empregos (e, portanto, mais motivadas) quando esses empregos lhes permitem experimentar realizações.

A pesquisa com diários que mencionamos neste artigo – na qual examinamos minuciosamente os eventos de milhares de dias de trabalho em tempo real – revelou o mecanismo do sentimento de realização: fazer progresso consistente e significativo.

Mas os gestores parecem não ter levado a sério a lição de Herzberg. Para avaliar quanta importância se dá hoje ao progresso diário do trabalho, fizemos recentemente uma pesquisa com 669 gestores em dezenas de empresas ao redor do mundo. Perguntamos sobre as ferramentas de gestão que podem influenciar a motivação e as emoções dos funcionários. Os entrevistados classificaram cinco ferramentas em ordem de importância: apoio para progredir no trabalho, reconhecimento de um trabalho bem-feito, incentivos, apoio interpessoal e objetivos claros.

Dos gestores que responderam à nossa pesquisa, 95% provavelmente ficariam surpresos ao saber que apoiar o progresso é a principal maneira de aumentar a motivação – porque essa é a porcentagem que não classificou o progresso como número 1. Na verdade, apenas 35 gestores classificaram o progresso como o principal motivador (meros 5%). A maioria dos entrevistados posicionou o progresso em último lugar como fator de motivação e em terceiro lugar como fator emocional. Para eles, o reconhecimento de um trabalho bem-feito é o fator mais importante para motivar os trabalhadores e torná-los felizes. Na nossa pesquisa com os diários, o reconhecimento certamente impulsionou a vida profissional interior, mas não foi tão proeminente quanto o progresso. Além disso, sem realizações no trabalho, sobra pouco a ser reconhecido.

Contrariando drasticamente o senso comum de que alta pressão e medo estimulam realizações, descobrimos que, pelo menos entre os trabalhadores do conhecimento, as pessoas são mais criativas e produtivas quando sua vida profissional interior é positiva – quando se sentem felizes, são motivadas pelo próprio trabalho e têm percepções positivas dos colegas e da organização. Além disso, nesses estados otimistas, as pessoas são mais comprometidas com o trabalho e mais colaborativas. Observamos que a vida profissional interior pode flutuar de um dia para outro – às vezes de maneira espantosa –, assim como o desempenho. A vida profissional interior de uma pessoa em um dia específico alimenta o seu desempenho naquele dia e pode até afetar o desempenho no dia *seguinte*.

Quando esse *efeito da vida profissional interior* ficou claro, nossa pesquisa procurou investigar como (e se) ações gerenciais poderiam ativá-lo. Quais eventos podiam evocar emoções, motivações e percepções positivas ou negativas? As respostas estavam escondidas nos diários dos participantes da nossa pesquisa. Existem gatilhos previsíveis que inflam ou murcham a vida profissional interior e, mesmo levando em conta as variações entre indivíduos, eles são basicamente os mesmos para todos.

O poder do progresso

Nossa busca dos gatilhos da vida profissional interior nos levou ao princípio do progresso. Quando comparamos os melhores e os piores dias dos participantes da nossa pesquisa (com base no humor geral, nas emoções específicas e nos níveis de motivação), descobrimos que o evento mais comum que determinava o "melhor dia de todos" era qualquer progresso no trabalho feito pelo indivíduo ou pela equipe. O evento mais comum que determinava o "pior dia de todos" era um contratempo.

Considere, por exemplo, a relação entre progresso e humor. Houve avanços em 76% dos dias em que as pessoas relataram estar bem-humoradas. Contratempos, por sua vez, só ocorriam em 13% desses dias. (Veja o quadro da página seguinte.)

Dois outros tipos de gatilho da vida profissional interior também costumam ocorrer nos melhores dias: *catalisadores* (ações que apoiam diretamente o trabalho, como a ajuda de uma pessoa ou de um grupo) e

O que acontece nos dias bons e nos dias ruins?

O progresso, mesmo que pequeno, ocorre em muitos dos dias de bom humor. Os acontecimentos em dias ruins – contratempos e outros obstáculos – são quase a imagem espelhada dos dias bons.

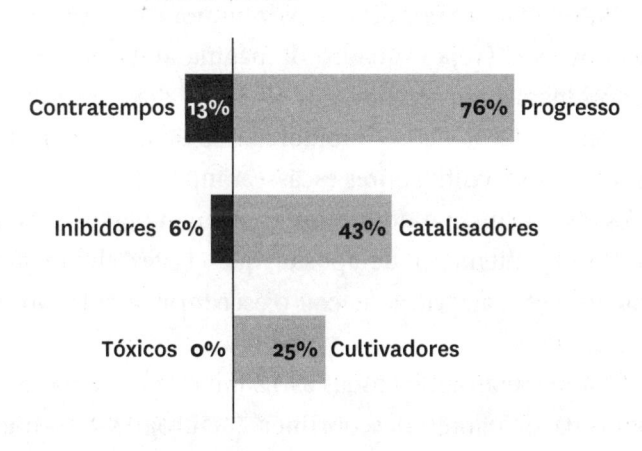

DIAS BONS

Contratempos 13% | 76% Progresso
Inibidores 6% | 43% Catalisadores
Tóxicos 0% | 25% Cultivadores

DIAS RUINS

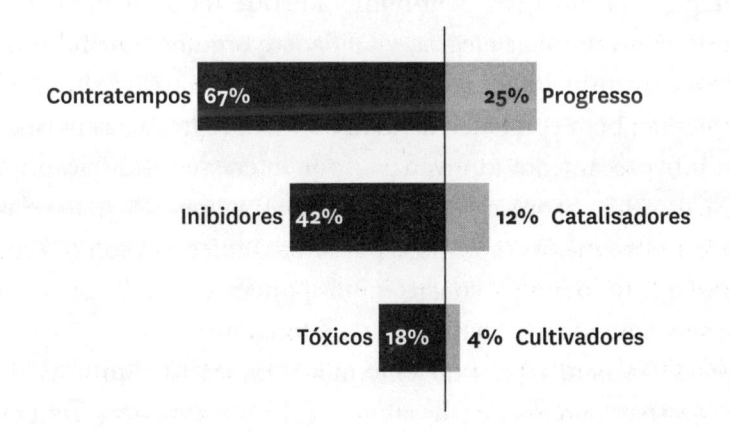

Contratempos 67% | 25% Progresso
Inibidores 42% | 12% Catalisadores
Tóxicos 18% | 4% Cultivadores

cultivadores (eventos como demonstrações de respeito e palavras de encorajamento). Cada um tem um oposto correspondente: *inibidores* (ações que não conseguem apoiar ou prejudicam o trabalho) e *tóxicos* (eventos desencorajadores ou prejudiciais). Enquanto catalisadores e inibidores afetam o projeto, cultivadores e tóxicos afetam a pessoa. Assim como contratempos, os inibidores e os tóxicos são raros em dias de ótima vida profissional interior.

O que acontece nos dias de pior humor é quase a imagem espelhada dos dias positivos (veja o quadro da página anterior). Aqui os contratempos predominaram, ocorrendo em 67% dos dias negativos; houve progresso em somente 25% deles. Inibidores e tóxicos também foram marcantes, e catalisadores e cultivadores escassearam.

Este é o princípio do progresso: se uma pessoa está motivada e feliz ao fim do expediente, pode apostar que ela fez algum progresso. Se estiver amuada e sem alegria ao deixar o escritório, o culpado mais provável é um contratempo.

Quando analisamos todas as 12 mil enquetes diárias respondidas pelos nossos participantes, descobrimos que progresso e contratempos influenciam todos os três aspectos da vida profissional interior. Nos dias em que fizeram progressos, nossos participantes relataram *emoções* mais positivas. Eles não somente estavam mais bem-humorados de modo geral, como também experimentavam mais alegria, vitalidade e orgulho. Quando sofriam contratempos, vivenciavam mais frustração, medo e tristeza.

As *motivações* também eram afetadas: em dias de progresso, as pessoas estavam mais intrinsecamente motivadas – por interesse e satisfação no trabalho em si. Isso não acontecia em dias de contratempos, e mais: elas também se mostravam menos motivadas por fatores externos, como reconhecimento. Ao que tudo indica, contratempos podem levar uma pessoa a ficar apática e sem vontade nenhuma de fazer o trabalho.

As *percepções* também diferiram em muitos aspectos. Em dias de progresso, as pessoas perceberam desafios significativamente mais positivos no seu trabalho. Elas acharam suas equipes mais colaborativas e relataram mais interações positivas entre equipes e supervisores. As percepções sofreram de diversas maneiras quando as pessoas se depararam com contratempos. Elas encontraram menos desafios positivos no trabalho, sentiram que tinham menos liberdade para executá-los e se queixaram de recursos insuficientes. Em dias de contratempos, os participantes perceberam tanto a sua equipe quanto seus supervisores como menos prestativos.

Na verdade, nossas análises estabelecem correlações, mas não provam causalidade. Essas mudanças na vida profissional interior foram resultado de progressos e contratempos ou será o contrário? Os números não podem responder a isso sozinhos. Contudo, tendo lido milhares de anotações em diários, sabemos que percepções mais positivas, uma sensação de realização, satisfação, felicidade e até mesmo euforia, costumavam seguir progressos. Aqui está um registro pós-progresso típico feito por um programador: "Corrigi aquele bug que estava me frustrando fazia quase uma semana. Pode não parecer muito, mas minha vida é bem sem graça, então estou eufórico."

Da mesma forma, vimos que percepções ruins, frustração, tristeza e até mesmo amargura costumavam se manifestar depois de contratempos. Como escreveu outro participante, um profissional de marketing de produtos: "Passamos muito tempo atualizando a lista do projeto de redução de custos e, depois de contabilizar todos os números, ainda estamos aquém do nosso objetivo. É desestimulante não conseguir acertar depois de tanto esforço e de todo o tempo investido."

É quase certo que a causalidade é de mão dupla, e os gestores podem usar esse ciclo de feedback entre progresso e vida profissional interior para aprimorar ambos.

Pequenos marcos

Quando pensamos em progresso, costumamos imaginar como é boa a sensação de atingir um objetivo de longo prazo ou experimentar uma grande inovação. Essas grandes vitórias são ótimas – mas são relativamente raras. A boa notícia é que até pequenas vitórias podem melhorar, e muito, a vida profissional interior. Dos progressos relatados pelos participantes da pesquisa, muitos representavam apenas pequenos passos. Costumavam provocar, no entanto, reações positivas desproporcionais. Considere esta anotação no diário de uma programadora em uma companhia de alta tecnologia: "Descobri por que uma coisa não estava funcionando direito. Fiquei aliviada e feliz. Foi um pequeno marco para mim." Nesse dia ela avaliou muito positivamente suas emoções, motivações e percepções.

Até mesmo um progresso comum, discreto, pode aumentar o engajamento das pessoas no trabalho e a sua felicidade durante o expediente. Dentre os acontecimentos que tiveram grande impacto nos sentimentos das pessoas, uma proporção notável (28%) impactou pouco o projeto em si. A vida profissional interior tem um efeito poderoso sobre criatividade e produtividade, e os progressos pequenos mas consistentes compartilhados por muitas pessoas podem se acumular em uma excelente execução – por tudo isso, aqueles progressos que costumam passar despercebidos são cruciais para o desempenho geral das empresas.

Infelizmente existe o outro lado. Pequenas perdas ou contratempos podem ter um efeito muito negativo na vida profissional interior. Na verdade, o nosso estudo e as pesquisas de outros colegas mostram que acontecimentos negativos podem ter um impacto mais poderoso que os positivos. Por isso, é particularmente importante que os gestores minimizem transtornos diários.

Progresso em trabalhos significativos

Mostramos quão gratificante é para os trabalhadores fazer um pequeno progresso rumo a um objetivo, mas lembre-se do que dissemos antes: o segredo para motivar desempenho é apoiar o progresso em trabalhos *significativos*. Progredir melhora a sua vida profissional interior, mas só se o trabalho for importante para você.

Pense no trabalho mais entediante que você já teve. Muitas pessoas citam seu primeiro emprego quando adolescentes – lavar panelas na cozinha de um restaurante, por exemplo, ou trabalhar na chapelaria de um museu. Em empregos assim, o poder do progresso parece intangível. Não importa quanto você se esforce, sempre haverá mais panelas para lavar e casacos para guardar; as únicas coisas que proporcionam realização são bater o ponto no fim do expediente ou receber o pagamento no fim da semana.

Em empregos com mais desafios e espaço para criatividade, como os dos participantes da nossa pesquisa, simplesmente "progredir" – realizar tarefas – tampouco assegura uma boa vida profissional interior. Você pode ter experimentado isso no seu emprego, em dias (ou em projetos) nos quais se sentiu desmotivado, desvalorizado e frustrado, embora tivesse se esforçado e obtido realizações. A causa provável disso é que você viu as tarefas concluídas como periféricas ou irrelevantes. Para que o princípio do progresso funcione, o trabalho deve ser significativo para a pessoa que o realiza.

Em 1983, Steve Jobs estava tentando convencer John Sculley a abrir mão de uma carreira bem-sucedida na PepsiCo para se tornar o novo CEO da Apple. Dizem que Jobs perguntou a ele: "Você prefere passar o resto da vida vendendo água açucarada ou abraçar uma oportunidade de mudar o mundo?" Com esse questionamento, Jobs alavancou uma poderosa força psicológica: o desejo humano profundamente arraigado de fazer um trabalho significativo.

A boa notícia é que, para parecer significativo, o trabalho não precisa popularizar os primeiros computadores pessoais, diminuir a pobreza ou ajudar a curar o câncer. Trabalhos de relevância social menor podem importar se agregarem valor a algo ou a alguém importante para quem o executa. Significado pode ser tão simples quanto criar um produto útil e de alta qualidade para um cliente ou fornecer um serviço honesto para uma comunidade. Pode ser apoiar um colega ou aumentar os lucros de uma organização reduzindo ineficiências em um processo. Não importa se os objetivos são ambiciosos ou modestos; desde que o projeto seja significativo para o trabalhador e evidencie seus esforços, o progresso na direção desses objetivos pode revitalizar a vida profissional interior.

Em princípio, agregar significado a determinados empregos não deveria exigir esforços extraordinários por parte dos gestores. A maioria das funções em empresas modernas é potencialmente significativa para as pessoas que as executam. Contudo, os gestores podem assegurar que os funcionários saibam exatamente qual é a contribuição do seu trabalho. E, mais importante, podem evitar ações que neguem o valor do trabalho. (Veja o quadro "Como destruir o significado do trabalho".) Todos os participantes da nossa pesquisa estavam realizando trabalhos que deveriam ser significativos; ninguém estava lavando panelas ou guardando casacos. Contudo, com uma frequência chocante, vimos trabalhos potencialmente importantes e desafiadores perderem o poder de inspirar.

Apoiando o progresso: catalisadores e cultivadores

O que gestores podem fazer para garantir que as pessoas estejam motivadas, comprometidas e felizes? Como podem apoiar o progresso diário dos funcionários? Eles podem usar catalisadores e cultivadores, os outros tipos de evento que determinam o "melhor dia".

Catalisadores são ações que apoiam o trabalho. Incluem definir objetivos claros, permitir autonomia, fornecer recursos e tempo suficientes, oferecer ajuda, aprender abertamente com problemas e sucessos, e permitir a livre troca de ideias. Seus opostos, os inibidores, incluem não conseguir fornecer apoio e prejudicar diretamente o trabalho. Por seu impacto no progresso, catalisadores e inibidores acabam afetando também a vida profissional interior. Mas eles têm um impacto mais imediato: quando as pessoas se dão conta de que possuem objetivos claros e significativos, as suas emoções, a sua motivação para fazer um ótimo trabalho e as suas percepções sobre o emprego e a empresa recebem um estímulo instantâneo.

Cultivadores são atos de apoio interpessoal, como respeito e reconhecimento, estímulo, conforto emocional e pertencimento. Seus opostos, os tóxicos, incluem desrespeito, desestímulo, negligência de emoções e conflitos. Para o bem e para o mal, cultivadores e tóxicos afetam direta e imediatamente a vida profissional interior.

Catalisadores e cultivadores – e os seus opostos – podem alterar a relevância do trabalho ao modificar as percepções que as pessoas têm dos seus cargos e até de si mesmas. Por exemplo, quando um gestor assegura que as pessoas tenham os recursos necessários, isso sinaliza para elas que o que estão fazendo é importante e valioso. Quando a chefia reconhece as pessoas pelo trabalho que realizam, isso sinaliza que elas são importantes para a organização. Desse modo, catalisadores e cultivadores podem atribuir um significado maior ao trabalho – e impulsionar o princípio do progresso.

As ações gerenciais que constituem catalisadores e cultivadores não são nada complexas. Pelo contrário: estão mais para um curso básico de administração, se não apenas bom senso e decência. Mas nosso estudo dos diários deixou claro quanto elas são ignoradas ou esquecidas. Até mesmo alguns dos gestores mais atentos nas companhias que estudamos não for-

Como destruir o significado do trabalho

As anotações nos diários de 238 trabalhadores do conhecimento que eram membros de equipes de projetos criativos revelaram quatro maneiras principais por meio das quais, inconscientemente, os gestores eliminam o significado do trabalho.

1. Gestores podem desconsiderar a importância do trabalho ou das ideias dos funcionários. Vejamos o caso de Richard, um técnico de laboratório sênior em uma companhia de produtos químicos que encontrou significado em ajudar a sua equipe de desenvolvimento de novos produtos a solucionar problemas técnicos complexos. Contudo, em reuniões de equipe durante um período de três semanas, Richard percebeu que o líder estava ignorando as sugestões feitas por ele e pelos parceiros. Como resultado, sentiu que suas contribuições não eram significativas e perdeu o ânimo. Quando finalmente voltou a acreditar que estava oferecendo uma contribuição substancial para o sucesso do projeto, seu humor melhorou bastante:

    "Eu me senti muito melhor na reunião de equipe de hoje. Senti que as minhas opiniões e informações eram importantes para o projeto e que tínhamos feito algum progresso."

2. Eles podem destruir o senso de propriedade que os funcionários têm em relação ao seu trabalho. Trocas frequentes e abruptas de tarefas costumam ter esse efeito. Foi o que aconteceu repetidamente com os membros de uma equipe de desenvolvimento de produtos em uma grande companhia de bens de consumo, como descrito por um membro da equipe, Bruce:

    "Sempre que outras pessoas assumem meus projetos percebo que não gosto de abrir mão deles. Ainda mais quando participei do começo até quase o fim. Sinto que perco a propriedade. E isso acontece com uma frequência grande demais."

3. Gestores podem transmitir a mensagem de que o projeto que os funcionários estão desenvolvendo nunca será implementado. Eles podem sinalizar isso – não intencionalmente – mudando as prioridades ou mudando de ideia sobre como algo deveria ser feito. Foi o que vimos em uma empresa de tecnologia da internet depois que um desenvolvedor de interface, Burt, passou várias semanas projetando transições imperceptíveis para usuários que não falavam inglês. Não é de surpreender que o humor de Burt tenha sido gravemente prejudicado no dia em que ele relatou o incidente:

   "Durante uma reunião, a equipe teve acesso a outras opções de interface internacional. Todo o trabalho que venho fazendo pode ir para o lixo."

4. Eles podem deixar de informar os funcionários sobre mudanças inesperadas nas prioridades de um cliente. Isso costuma ser resultado de um mau gerenciamento de clientes ou de uma comunicação inadequada dentro da companhia. Por exemplo, Stuart, especialista em transformação de dados em uma empresa de TI, relatou sua profunda frustração e baixa motivação no dia em que descobriu que semanas de trabalho árduo da equipe poderiam ter sido em vão:

   "Descobri que há uma forte possibilidade de o projeto não ser levado adiante devido a uma mudança nos planos do cliente. Todo o nosso esforço pode ter sido um enorme desperdício de tempo."

---

neciam catalisadores e cultivadores de modo consistente. Por exemplo, um especialista em cadeias de fornecimento chamado Michael era, de muitas maneiras e em muitos dias, um excelente gerente de subequipe. Mas de vez em quando ele ficava tão sobrecarregado que se tornava tóxico para o seu pessoal. Quando um fornecedor não completou um pedido urgente a tempo e a equipe de Michael precisou recorrer a frete aéreo para cumprir o prazo do cliente, ele se deu conta de que a margem de lucro naquela venda iria para o espaço. Irritado, descontou a raiva nos subordinados, menosprezando o bom trabalho que tinham feito e ignorando a frustração deles próprios com o fornecedor. No seu diário, ele admitiu isto:

Desde sexta-feira gastamos 28 mil dólares em frete aéreo para enviar 1.500 esfregões com vaporizador de 30 dólares para o nosso segundo cliente mais importante. Ainda faltam mais 2.800 desse pedido e há uma boa chance de eles também precisarem ir por via aérea. Em pouco tempo passei de chefe gentil a carrasco. Estamos à beira do caos, contra a parede, sem ter para onde correr. Prevejo brigas.

Mesmo quando gestores não estão acuados, desenvolver estratégias de longo prazo e lançar novas iniciativas pode muitas vezes parecer mais importante – e talvez mais atraente – do que garantir que seus subordinados tenham o necessário para progredir e se sintam apoiados como seres humanos. Mas, como vimos diversas vezes na nossa pesquisa, até mesmo a melhor estratégia fracassará se gestores ignorarem as pessoas que vão trabalhar na linha de frente para executá-la.

Um gestor-modelo – e uma ferramenta para seguir seu exemplo

Poderíamos explicar as muitas (e nada surpreendentes) ações que podem catalisar o progresso e levantar o ânimo, mas talvez seja mais útil relatar o exemplo de um gestor que fez bom uso dessas ações – e depois fornecer uma ferramenta simples que pode ajudar qualquer gestor a fazer o mesmo.

Nosso gestor-modelo é Graham, a quem observamos liderar uma equipe de engenheiros químicos em uma multinacional europeia à qual chamaremos Kruger-Bern. A missão do projeto NewPoly era bastante clara e significativa: a equipe precisava desenvolver um polímero seguro e biodegradável para substituir petroquímicos em cosméticos e em vários outros bens de consumo. Como em muitas organizações grandes, o projeto estava aninhado em um cenário corporativo confuso, sujeito a mudanças de prioridades da chefia, orientações conflitantes e parcerias frágeis. Os recursos eram limitados e a incerteza pairava sobre o futuro do projeto – e das carreiras de todos os envolvidos. Pior ainda, um incidente no começo do projeto, no qual um cliente importante reagiu furiosamente a uma amostra, havia abalado a equipe. Graham conseguiu, contudo, sustentar a vida profissional interior dos membros da equipe removendo obstáculos de modo constante e visível, impulsionando o progresso e dando apoio emocional às pessoas.

A abordagem de gerenciamento de Graham foi excelente de quatro maneiras. Primeira: ele foi estabelecendo aos poucos um clima positivo, definindo normas comportamentais para a equipe inteira. Quando a reclamação do cliente interrompeu o projeto, por exemplo, ele conversou na mesma hora com a equipe para analisar o problema, sem culpar ninguém, e desenvolver um plano para reparar o relacionamento. Ao fazer isso, deu o exemplo de como reagir a crises no trabalho: não entrando em pânico ou fazendo acusações, mas sim identificando os problemas e suas causas e desenvolvendo um plano de ação coordenado. Essa é tanto uma abordagem prática quanto uma ótima maneira de transmitir aos subordinados uma sensação de progresso mesmo diante dos passos em falso e fracassos inerentes a qualquer projeto complexo.

Segunda: Graham permaneceu em sintonia com as atividades e o progresso cotidiano da sua equipe. Na verdade, o clima imparcial que estabeleceu fez isso acontecer naturalmente. Membros da equipe o mantinham atualizado o tempo todo – por espontânea vontade – sobre os seus contratempos, progressos e planos. Em certo ponto, um dos seus colegas mais esforçados, Brady, precisou abortar o teste de um material novo porque não conseguia acertar os parâmetros no equipamento. Aquilo era uma má notícia, porque a equipe NewPoly só tinha acesso ao equipamento uma vez por semana, mas Brady informou a Graham imediatamente. Na sua anotação daquela noite no diário, Brady observou: "Ele não gostou de termos perdido uma semana por causa disso, mas pareceu compreender." Ao mostrar-se compreensivo, Graham deu ao seu pessoal justamente o que eles necessitavam para progredir.

Terceira: Graham modulou seu apoio de acordo com acontecimentos recentes na equipe e no projeto. Todo dia ele previa qual tipo de intervenção – um catalisador ou a remoção de um inibidor; um cultivador ou algum antídoto para um tóxico – teria o maior impacto na vida profissional interior dos membros da equipe e no seu progresso. E, quando não conseguia fazer esse julgamento, ele perguntava. Na maioria dos dias, não era difícil descobrir, como quando recebeu notícias animadoras sobre o comprometimento da direção da empresa com o projeto. Ele sabia que a equipe estava nervosa devido a rumores sobre uma reorganização corporativa e seria bom receberem aquele estímulo. Embora a notícia tenha chegado em um merecido dia de férias, Graham pegou o telefone na mesma hora para transmitir as boas novas à equipe.

Por fim, Graham foi um apoio para os membros da equipe em vez de um microgerenciador; ele fazia questão de *checar* sem nunca parecer *fiscalizar*. A princípio, checar e fiscalizar parecem muito similares, mas microgerenciadores cometem quatro tipos de erro. Primeiro, eles não permitem que os funcionários tenham autonomia na execução do trabalho. Diferentemente de Graham, que deu à equipe NewPoly um objetivo estratégico claro, mas respeitava as ideias dos membros sobre como alcançá-lo, microgerenciadores ditam cada ação. Segundo, eles questionam seus funcionários o tempo todo sobre o trabalho sem fornecer nenhuma ajuda real. Por outro lado, quando um dos membros da equipe de Graham relatava problemas, ele ajudava a analisá-los – permanecendo aberto a interpretações alternativas – e muitas vezes acabava ajudando a colocar as coisas de volta nos trilhos. Terceiro, microgerenciadores são rápidos em atribuir culpa pessoal quando surgem problemas, levando os subordinados a escondê-los em vez de discutir honestamente como superá-los, como Graham fez com Brady. E, em quarto lugar, microgerenciadores tendem a reter informações para usá-las como uma arma secreta. Poucos se dão conta de quão prejudicial isso é para a vida profissional interior. Quando os subordinados percebem que um gestor está retendo informações potencialmente úteis, eles se sentem infantilizados, sua motivação cai e seu trabalho fica comprometido. Graham foi rápido em comunicar as visões da direção em relação ao projeto, as opiniões e necessidades dos clientes e as possíveis fontes de assistência ou de resistência dentro e fora da organização.

De todas essas maneiras, Graham sustentou as emoções positivas, a motivação intrínseca e as percepções favoráveis da sua equipe. Suas ações servem como um exemplo poderoso de como gestores em qualquer nível podem abordar cada dia de modo a fomentar o progresso.

Sabemos que muitos gestores, por mais bem-intencionados que sejam, terão dificuldade para cultivar os hábitos que pareciam tão naturais a Graham. A conscientização, claro, é o primeiro passo. No entanto, dar importância à vida profissional interior e transformar isso em rotina demanda certo esforço. Pensando nisso, desenvolvemos um checklist para os gestores consultarem todos os dias (veja o quadro "Checklist de progresso diário"). O objetivo é gerenciar o progresso significativo um dia de cada vez.

Checklist de progresso diário

Perto do fim de cada expediente, use este checklist para avaliar como foi o dia e planejar suas ações gerenciais para o dia seguinte. Depois de pouco tempo, você precisará apenas passar os olhos pelas palavras em destaque para identificar o problema. Primeiro concentre-se em progresso e em contratempos e pense sobre acontecimentos específicos (catalisadores, cultivadores, inibidores e tóxicos) que contribuíram para eles. Depois considere qualquer pista clara sobre a vida profissional interior e quaisquer informações adicionais sobre progresso e outros acontecimentos. Por fim, priorize ações. O plano de ação para o dia seguinte é a parte mais importante da sua revisão diária: qual é a melhor coisa que você pode fazer para facilitar o progresso?

Progresso
Descreva brevemente um ou dois acontecimentos de hoje que tenham indicado uma pequena vitória ou um possível avanço.

_____

_____

Contratempos
Descreva brevemente um ou dois acontecimentos de hoje que tenham indicado um pequeno contratempo ou uma possível crise.

_____

_____

Catalisadores
- ☐ A equipe tinha **objetivos** claros, de curto e longo prazos, para executar um trabalho significativo?
- ☐ Os membros da equipe tinham **autonomia** suficiente para solucionar problemas e assumir responsabilidade pelo projeto?
- ☐ A equipe tinha todos os **recursos** necessários para progredir com eficiência?
- ☐ A equipe tinha **tempo** suficiente para se concentrar em um trabalho significativo?
- ☐ Ofereci ou obtive **ajuda** quando eles precisaram ou solicitaram? Estimulei os membros da equipe a colaborar uns com os outros?
- ☐ Discuti as **lições** dos sucessos e problemas de hoje com a minha equipe?
- ☐ Fiz com que as **ideias** fluíssem livremente no grupo?

Cultivadores
- ☐ Demonstrei **respeito** pelos membros da equipe, reconhecendo suas contribuições para o progresso, dando atenção às suas ideias e tratando-os como profissionais de confiança?
- ☐ **Estimulei** os membros da equipe que se depararam com desafios difíceis?
- ☐ **Apoiei** membros da equipe que tinham um problema pessoal ou profissional?
- ☐ Há uma sensação de **pertencimento** pessoal e profissional e de companheirismo dentro da equipe?

Inibidores

☐ Houve alguma confusão em relação a **objetivos** de curto ou longo prazo para a realização de um trabalho significativo?

☐ Os membros da equipe estavam muito **limitados** na sua capacidade de solucionar problemas e de se sentirem responsáveis pelo projeto?

☐ A equipe foi privada de **recursos** necessários para progredir com eficiência?

☐ A equipe careceu de **tempo** suficiente para se concentrar em um trabalho significativo?

☐ Eu ou outra pessoa fracassamos em fornecer a **ajuda** necessária ou solicitada?

☐ "Puni" fracassos ou deixei de encontrar **lições** e/ou oportunidades em problemas e sucessos?

☐ Eu ou outras pessoas interrompemos prematuramente a apresentação ou o debate de **ideias**?

Tóxicos

☐ **Desestimulei** algum membro da equipe de alguma maneira?

☐ Há tensão ou **antagonismo** entre os membros da equipe ou entre mim e eles?

☐ **Negligenciei** um membro da equipe que tinha um problema pessoal ou profissional?

Vida profissional interior

Vi indicadores de qualidade da vida profissional interior dos meus subordinados hoje?
_____
_____
_____

Percepções sobre o trabalho, a equipe, a gestão, a empresa:
_____
_____

Emoções: _____

Motivação:
_____
_____

Quais acontecimentos específicos podem ter afetado a vida profissional interior hoje?
_____
_____

Plano de ação

O que posso fazer amanhã para começar a eliminar os inibidores e os tóxicos identificados?
_____
_____
_____
_____
_____

O que posso fazer amanhã para fortalecer os catalisadores e cultivadores identificados e suprir aqueles que estão faltando?
_____
_____
_____
_____
_____

O ciclo do progresso

A vida profissional interior motiva o desempenho; por sua vez, um bom desempenho, que depende de progresso consistente, melhora a vida profissional interior. Chamamos isso de *ciclo do progresso*; ele revela o potencial para benefícios que se retroalimentam.

Portanto, a implicação mais importante do princípio do progresso é esta: ao apoiar as pessoas e o seu progresso diário em trabalhos significativos, os gestores favorecem não somente a vida profissional interior dos seus funcionários como também o desempenho a longo prazo de toda a organização, o que melhora ainda mais a vida profissional interior da sua equipe. É claro que há um lado ruim – a possibilidade de ciclos de feedbacks negativos. Se os gestores não conseguirem apoiar o progresso nem as pessoas que estão tentando realizá-lo, a vida profissional interior será prejudicada, assim como o desempenho; e um desempenho ruim prejudica ainda mais a vida profissional interior.

Uma segunda implicação do princípio do progresso é que gestores não precisam tentar ler as psiques dos seus funcionários ou manipular esquemas de incentivo complicados para assegurar que todos estejam motivados e felizes. Desde que demonstrem respeito básico e consideração, eles podem se concentrar em apoiar o trabalho propriamente dito.

Para se tornar um gestor eficiente, você deve aprender a colocar em movimento esse ciclo de feedback positivo. Isso pode exigir mudanças profundas. Faculdades e livros de administração e os próprios gestores costumam se concentrar em gerenciar organizações ou pessoas. Mas, se você se concentrar em gerenciar o progresso, ficará muito mais fácil gerenciar pessoas – e até mesmo organizações inteiras. Não será preciso radiografar a vida profissional interior da sua equipe; se você continuar facilitando o progresso dos seus subordinados em trabalhos significativos, valorizar esse progresso e tratá-los bem, eles experimentarão as emoções, motivações e percepções necessárias para um ótimo desempenho. A excelência deles contribuirá para o sucesso organizacional. E aqui está a beleza de tudo isso: eles passarão a amar o próprio trabalho.

Publicado originalmente em maio de 2011.

7
Nove coisas que pessoas de sucesso fazem diferente

Heidi Grant

QUAL O MOTIVO DE VOCÊ TER ALCANÇADO tanto sucesso em alguns objetivos, mas não em outros? Se não sabe a resposta, definitivamente não está sozinho nessa. A verdade é que até mesmo pessoas brilhantes e bem-sucedidas deixam bastante a desejar quando se trata de entender por que têm sucesso ou fracassam. A resposta intuitiva – que você nasceu predisposto a certos talentos em detrimento de outros – é apenas uma pequena peça do quebra-cabeça. Na verdade, décadas de pesquisas sobre sucesso sugerem que pessoas bem-sucedidas costumam atingir seus objetivos não apenas por serem quem são, mas por causa do que fazem.

1. Seja específico

Quando definir um objetivo para si mesmo, tente ser o mais específico possível. "Perder dois quilos e meio" é um objetivo melhor do que "perder um pouco de peso", pois estabelece uma linha de chegada. Saber exatamente aonde quer chegar mantém você motivado ao longo de todo o caminho. Além disso, determine claramente as ações específicas que precisam ser tomadas para atingir seu objetivo. Apenas prometer "comer menos" ou "dormir mais" é muito vago – seja claro e preciso. "Irei para a cama às 22h de segunda a sexta" não deixa espaço para dúvidas sobre o que você precisa fazer – e ajuda a checar se fez mesmo.

2. Aproveite cada oportunidade de agir

Muitos de nós estamos sempre ocupados, fazendo malabarismo com diversos objetivos ao mesmo tempo, então não é de surpreender que percamos boas oportunidades de alcançar uma meta porque simplesmente não as percebemos. Você realmente não teve tempo de fazer exercícios hoje? Não houve nenhuma chance, em nenhum momento, de retornar aquele telefonema? Atingir objetivos significa agarrar essas oportunidades antes que elas escapem entre os seus dedos.

Para aproveitar o momento, decida com antecedência quando e onde você realizará cada ação desejada. Repito: seja o mais específico possível (por exemplo, "Às segundas, quartas e sextas, farei exercícios por 30 minutos antes do trabalho"). Estudos mostram que esse tipo de planejamento ajuda o cérebro a detectar e aproveitar a oportunidade quando ela surge, aumentando as chances de sucesso em cerca de 300%.

3. Saiba exatamente quanto ainda falta

Para atingir qualquer objetivo, seu progresso precisa ser monitorado honesta e periodicamente – se não por outras pessoas, então por você mesmo. Se não souber como está se saindo, você não poderá ajustar seu comportamento ou suas estratégias da melhor maneira. Cheque seu progresso de vez em quando – uma vez por semana, ou até mesmo todos os dias, dependendo do objetivo.

4. Tenha um otimismo realista

Quando estiver definindo um objetivo, não se deixe levar por uma onda de pensamento otimista. Acreditar na sua capacidade é muito útil para gerar e manter motivação; entretanto, não importa o que você faça, não subestime as dificuldades. Os objetivos que valem a pena costumam demandar tempo, planejamento, esforço e persistência. Estudos mostram que pensar que as coisas serão fáceis e não exigirão esforço deixa você despreparado para a jornada e aumenta significativamente suas chances de fracassar.

5. Procure melhorar em vez de ser bom

É importante acreditar que você tem capacidade de atingir seus objetivos, mas também é crucial saber que essa capacidade pode ser desenvolvida. Muitos de nós acreditamos que nossa inteligência, nossa personalidade e nossas aptidões físicas são estáticas – que, não importa o que façamos, não vamos melhorar. O resultado disso é que nos concentramos em objetivos que tratam apenas de provar nossas capacidades em vez de desenvolver e adquirir habilidades novas.

A boa notícia é que décadas de pesquisas sugerem que essa ideia de capacidades estáticas está completamente errada – capacidades de todos os tipos são profundamente maleáveis. Ao aceitar o fato de que pode mudar, você passa a fazer escolhas melhores e consegue atingir seu potencial mais pleno. Pessoas que procuram aprimorar a si mesmas em vez de simplesmente serem boas em algo lidam melhor com as dificuldades e apreciam a jornada tanto quanto o destino.

6. Tenha determinação

Dito de outro modo: esteja disposto a se comprometer com objetivos de longo prazo e persistir diante das dificuldades. Estudos mostram que pessoas determinadas acumulam mais conhecimento ao longo da vida e obtêm médias mais altas na faculdade. Determinação prevê quais cadetes suportarão o primeiro ano duríssimo na academia militar. Na verdade, até prevê aonde chegarão os competidores de um concurso de soletração.

Mesmo que você não seja particularmente determinado, há algo que pode fazer a respeito. O mais comum é que pessoas sem determinação acreditem não possuir as capacidades inatas de alguém bem-sucedido. Se você se identificou com isso... bem, sejamos diretos: você está errado.

Como mencionei antes, para ser bem-sucedido é necessário esforço, planejamento, persistência e boas estratégias. Aceitar esse fato não somente ajudará você a enxergar melhor a si mesmo e aos seus objetivos como também fará maravilhas para a sua determinação.

7. Exercite o músculo da força de vontade

O "músculo" do autocontrole é como os demais músculos do seu corpo – se não for exercitado, vai enfraquecer com o tempo. Da mesma forma, o exercício regular fortalece esse músculo e o torna mais capaz de ajudar você a atingir seus objetivos.

Para desenvolver força de vontade, assuma o desafio de fazer coisas que, honestamente, você preferiria não fazer. Deixe de comer salgadinhos gordurosos, faça 100 abdominais por dia, ajeite-se quando perceber que está com a postura curvada, tente aprender uma nova habilidade. Quando sentir vontade de desistir ou de nem tentar – resista. Comece com apenas uma atividade e trace um plano para lidar com problemas quando surgirem ("Se eu tiver vontade de comer um salgadinho, comerei uma fruta fresca ou três frutas secas"). Será difícil no começo, mas depois ficará mais fácil, e é aí que está o xis da questão. À medida que sua força cresce, você poderá assumir mais desafios e aumentar o seu exercício de autocontrole.

8. Não provoque o destino

Não importa quão forte se torne o seu músculo da força de vontade, é importante ter sempre em mente que essa força é limitada e que, se você a sobrecarregar, ficará temporariamente sem energia. Se puder evitar, não se imponha dois desafios ao mesmo tempo (como parar de fumar enquanto faz dieta). E não se coloque em risco – há pessoas tão confiantes na própria capacidade de resistir a tentações que se expõem a situações imensamente tentadoras. Pessoas bem-sucedidas sabem que não se deve tornar um objetivo mais difícil do que já é.

9. Concentre-se no que você fará, não no que deixará de fazer

Quer perder peso, parar de fumar ou controlar o mau humor? Então planeje como substituirá maus hábitos por bons em vez de se concentrar somente nos maus hábitos propriamente ditos. Pesquisas sobre supressão de pensamentos (por exemplo, "Não pense em ursos brancos!") têm demonstrado que tentar evitar um pensamento o torna ainda mais ativo na sua mente. O mesmo vale para comportamentos – quando simplesmente nos esforçamos para resistir a um mau hábito, esse hábito sai fortalecido.

Se você quer mudar sua atitude, pergunte-se: "O que farei no lugar disso?" Por exemplo, se está tentando controlar seu temperamento, você pode traçar um plano como "Se começar a sentir raiva, vou respirar fundo três vezes até me acalmar". Ao substituir a raiva pela respiração profunda, você vai enfraquecendo seu mau hábito até que ele desapareça por completo.

Espero que, depois de ler sobre as nove coisas que as pessoas bem-sucedidas fazem de modo diferente, você tenha percebido tudo aquilo que já vinha fazendo certo o tempo todo. Ainda mais importante, espero que seja capaz de identificar os erros que desviaram você do caminho e use esse conhecimento daqui para a frente. Lembre-se: você não precisa se tornar uma pessoa diferente para ser bem-sucedido. Não se trata de quem você é, mas do que você faz.

Publicado originalmente em 25 de fevereiro de 2011.

8

Encontre tempo para o trabalho que importa

Julian Birkinshaw e Jordan Cohen

MAIS HORAS NO DIA. Isso é algo que todos querem, apesar de ser impossível. Mas e se você pudesse liberar um tempo significativo – talvez até 20% do seu dia de trabalho – para se concentrar nas responsabilidades que realmente importam?

Passamos os últimos três anos estudando como os profissionais que lidam com informação e criação (os trabalhadores do conhecimento) se tornam mais produtivos e descobrimos que a resposta é simples: eles eliminam ou delegam tarefas sem importância e as substituem por outras valiosas. Nossa pesquisa indica que trabalhadores do conhecimento passam boa parte do tempo – em média 41% – em atividades que proporcionam pouca satisfação pessoal e que poderiam ser bem realizadas por outras pessoas. Então por que eles continuam fazendo? Porque se livrar de trabalho é mais fácil na teoria do que na prática. Instintivamente assumimos tarefas que fazem com que nos sintamos ocupados e, com isso, importantes, enquanto nossos chefes, esforçando-se para fazer mais com menos, empilham em nós toda as responsabilidades que estamos dispostos a aceitar.

Acreditamos, porém, que há um meio de progredir. Trabalhadores do conhecimento podem se tornar mais produtivos refletindo sobre como administram seu tempo; identificando as tarefas mais importantes para eles e para a empresa; e descartando ou terceirizando o restante. Experimentamos essa dinâmica com 15 executivos em diferentes companhias e eles conseguiram diminuir drasticamente seu envolvimento em tarefas de pouco valor: em média, reduziram o trabalho burocrático em seis horas por semana e o tempo que passavam em reuniões também caiu duas horas por semana. Os benefícios foram claros. Por exemplo, quando Lotta Laitinen, gerente na corretora de seguros escandinava If, abriu mão de reuniões e tarefas administrativas para passar mais tempo dando suporte a sua equipe, as vendas da sua unidade aumentaram em 5% em um período de três semanas.

Embora nem todos em nosso estudo tenham sido tão bem-sucedidos, os resultados ainda foram impressionantes. Ao simplesmente pedir que repensassem a forma como distribuíam suas tarefas, conseguimos fazer com que aqueles trabalhadores do conhecimento liberassem quase um quinto do tempo – ou seja, um dia inteiro por semana de trabalho – para se concentrar em tarefas mais valiosas.

Por que é tão difícil

Trabalhadores do conhecimento são um verdadeiro desafio para os gestores. O trabalho que fazem é difícil de observar (já que boa parte acontece dentro da cabeça deles), e a qualidade costuma ser subjetiva. Um gestor pode suspeitar que uma funcionária está aproveitando mal o tempo, mas não saber diagnosticar o problema, muito menos pensar em uma solução.

Entrevistamos 45 trabalhadores do conhecimento em 39 companhias de oito setores diferentes nos Estados Unidos e na Europa para ver como conduziam seus dias de trabalho. Descobrimos que até mesmo os mais competentes e empenhados despendiam tempo demais em atividades entediantes que não agregavam nenhum valor, como trabalho burocrático e "gestão transversal" (por exemplo, reuniões com pessoas de outros departamentos). Essas são tarefas que os próprios trabalhadores do conhecimento classificavam como pouco úteis para o funcionário e para a companhia.

Há muitas razões pelas quais isso acontece. A maioria de nós se sente

Em resumo

Mais horas no dia. Isso é algo que todos querem, apesar de impossível. Mas e se você pudesse liberar um tempo significativo – talvez até 20% do seu dia de trabalho – para se concentrar nas responsabilidades que realmente importam? Nossa pesquisa mostra que trabalhadores do conhecimento passam, em média, 41% do tempo em atividades que proporcionam pouca satisfação pessoal e que poderiam ser bem realizadas por outras pessoas.

Trabalhadores do conhecimento podem se tornar mais produtivos refletindo sobre como administram seu tempo; identificando as tarefas mais importantes para eles e para a empresa; e descartando ou terceirizando o restante.

As tarefas a serem abandonadas são divididas em:

- **mortes rápidas** (trabalho que você pode parar de fazer agora sem nenhum efeito negativo);
- **reduções de carga** (trabalho que pode ser delegado com o mínimo de esforço);
- **replanejamento de longo prazo** (trabalho que precisa ser reformulado ou reestruturado).

Depois que você se livrar dessas tarefas, o tempo livre poderá ser usado em trabalhos mais importantes.

Quando 15 executivos experimentaram fazer isso, eles reduziram o trabalho burocrático em seis horas por semana e as reuniões em duas horas por semana, em média. Eles passaram a aproveitar o tempo em tarefas que agregavam valor, como coaching e desenvolvimento de estratégias.

emaranhada em uma rede de compromissos da qual pode ser doloroso se livrar: não queremos decepcionar nossos colegas ou empregadores se pararmos de fazer certas tarefas. "Quero parecer ocupado e produtivo – a empresa valoriza quem trabalha em equipe", observou um participante. Além disso, os itens menos importantes das nossas listas de afazeres não são totalmente improdutivos. Pesquisas já demonstraram que progredir em qualquer tarefa – mesmo uma que não seja essencial – aumenta nossa sensação de engajamento e satisfação. E, embora reuniões tenham a má fama de ser um desperdício de tempo, elas são uma oportunidade de socializar e se conectar com colegas de trabalho. "Na verdade, eu aguardo ansiosamente reuniões presenciais", disse-nos um participante. "Um telefonema é mais prático, mas é frio e sem vida."

As organizações compartilham um pouco da culpa pela baixa produtividade. Cortes de custos têm prevalecido ao longo da última década e trabalhadores do conhecimento, como a maioria dos demais funcionários, precisaram assumir algumas tarefas menos relevantes – como organizar viagens –, que os distraem de trabalhos cruciais. Embora a confiança nos negócios esteja voltando a aumentar, muitas companhias hesitam em investir em recursos, em especial recursos administrativos. Mais do que isso, ambientes regulatórios cada vez mais complicados e sistemas de controle mais rigorosos contribuíram para culturas corporativas avessas a riscos, e com isso funcionários seniores se sentem receosos de ceder trabalho a colegas menos experientes. As consequências são previsíveis: "A minha equipe tem poucos membros e pouca capacitação técnica, por isso minha agenda é um pesadelo – sou chamado para muito mais reuniões do que deveria", relatou um participante do estudo. Outro comentou: "Preciso lidar com as limitações técnicas das pessoas a quem delego tarefas."

Algumas empresas realmente tentam ajudar seus trabalhadores do conhecimento a se concentrar no valor agregado de seu emprego. Por exemplo, um de nós (Jordan Cohen), autores deste artigo, ajudou a Pfizer a criar um serviço chamado PfizerWorks, o qual permite que funcionários terceirizem tarefas menos importantes. Também vimos iniciativas corporativas que baniram e-mails nas sextas-feiras, limitaram o tempo para reuniões e proibiram apresentações internas de PowerPoint. Mas é muito difícil mudar normas institucionais, e, quando os trabalhadores

O que trabalhadores do conhecimento fazem

Nossa pesquisa mostrou que trabalho burocrático e "gestão transversal" consomem em média dois terços do tempo dos trabalhadores do conhecimento...

Tempo gasto em cada atividade

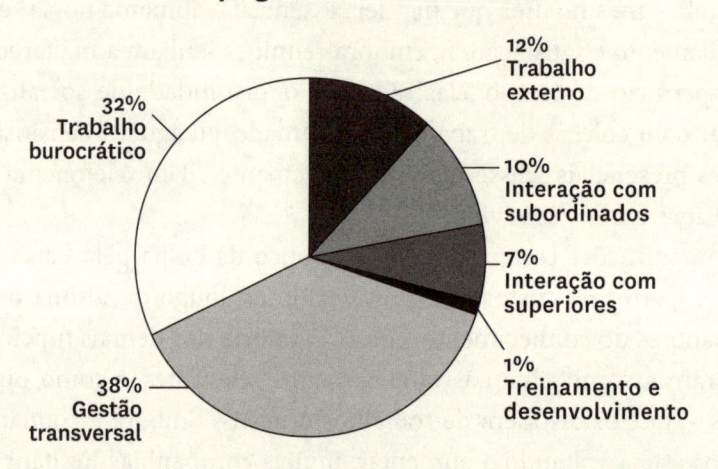

- 32% Trabalho burocrático
- 38% Gestão transversal
- 1% Treinamento e desenvolvimento
- 7% Interação com superiores
- 10% Interação com subordinados
- 12% Trabalho externo

... e ainda assim essas tarefas foram listadas como as mais cansativas e facilmente delegáveis.

Vale o tempo gasto?

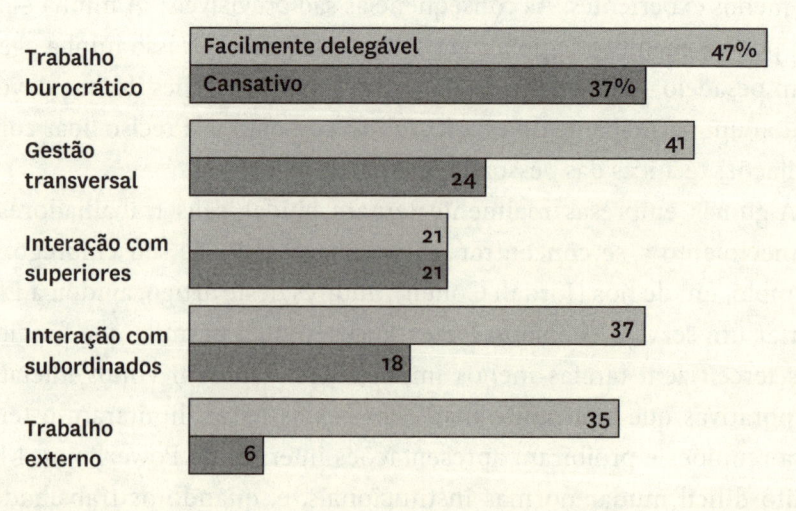

	Facilmente delegável	Cansativo
Trabalho burocrático	47%	37%
Gestão transversal	41	24
Interação com superiores	21	21
Interação com subordinados	37	18
Trabalho externo	35	6

Tempo economizado

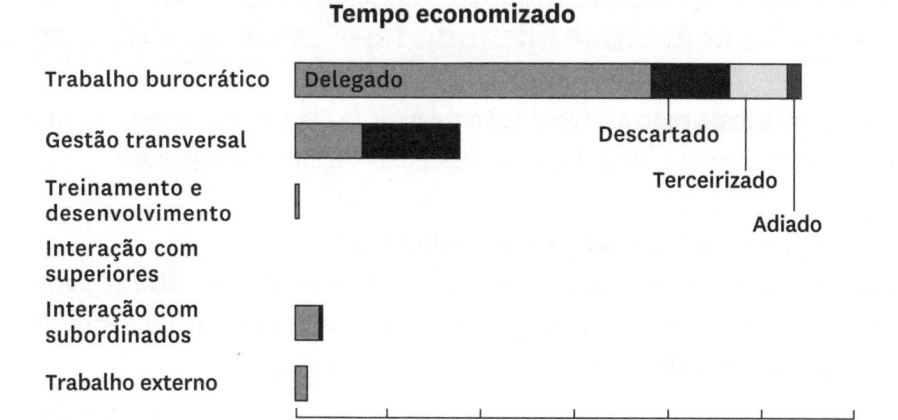

Trabalho burocrático	Delegado / Descartado / Terceirizado / Adiado
Gestão transversal	
Treinamento e desenvolvimento	
Interação com superiores	
Interação com subordinados	
Trabalho externo	

Número médio de horas economizadas por trabalhador a cada semana (0 a 6)

---

do conhecimento não aderem a essas diretivas vindas de cima, eles encontram maneiras criativas de resistir ou de burlar as regras, o que só piora as coisas. Propomos um meio-termo razoável: intervenções sensatas e autodirigidas apoiadas pela chefia que ajudam os trabalhadores do conhecimento a ajudarem a si mesmos.

O que os funcionários podem fazer

Nosso processo, uma variação do exercício clássico Começar/Parar/Continuar, visa ajudar você a fazer mudanças pequenas, mas significativas, na sua agenda diária. Fomos os facilitadores para esse exercício com os 15 executivos que mencionamos e eles obtiveram resultados notáveis.

Autoavaliação: identificando tarefas de pouco valor

Faça uma lista de tudo que você fez ontem ou no dia anterior a cada 30 ou 60 minutos. Para cada tarefa, faça a si mesmo as seguintes perguntas:

Quão valiosa é esta atividade para a empresa?
Suponha que você esteja atualizando o seu chefe ou um executivo sênior sobre o seu desempenho. Você mencionaria a tarefa? Conseguiria justificar o tempo gasto com ela?

	Pontuação
Contribui muito para os objetivos gerais da empresa	4
Contribui pouco	3
Não tem nenhum impacto positivo nem negativo	2
Tem impacto negativo	1

Até que ponto eu poderia deixar esta atividade de lado?
Imagine que, por causa de uma emergência familiar, você chegue duas horas atrasado no trabalho e precise priorizar as atividades do dia. Em qual categoria a atividade entraria?

	Pontuação
Essencial: exige prioridade máxima	4
Importante: preciso fazer hoje	3
Facultativa: farei se o tempo permitir	2
Irrelevante/desnecessária: posso descartá-la imediatamente	1

Que valor pessoal atribuo a esta atividade?

Imagine que você tenha independência financeira e esteja criando o trabalho dos seus sonhos. Você manteria a atividade ou a descartaria?

	Pontuação
Com certeza manteria: é uma das melhores partes do meu trabalho	5
Provavelmente manteria: eu gosto de fazer isso	4
Não tenho certeza: tem pontos bons e ruins	3
Provavelmente descartaria: acho um pouco cansativa	2
Com certeza descartaria: não gosto de fazer isso	1

Até que ponto outra pessoa poderia fazer esta atividade por mim?

Suponha que você tenha sido indicado para lidar com uma iniciativa crítica e urgente e precise delegar parte do seu trabalho para seus colegas por três meses. Você descartaria, delegaria ou manteria a tarefa?

	Pontuação
Somente eu ou algum superior podemos realizá-la	5
É melhor que seja feita por mim por causa da minha expertise e de outras responsabilidades	4
Com a devida orientação, poderia ser bem realizada por alguém menos experiente que eu	3
Poderia facilmente ser feita por um funcionário júnior ou terceirizado	2
Poderia ser totalmente descartada	1

Some a sua pontuação ☐

Uma pontuação total baixa (10 ou menos) indica uma tarefa candidata a ser delegada ou eliminada.

A página hbr.org/web/2013/08/assessment/make-time-for-work-that-matters, em inglês, apresenta uma ferramenta de avaliação interativa e oferece dicas para impulsionar sua produtividade.

Identifique tarefas de pouco valor

Usando a nossa autoavaliação, examine todas as suas atividades diárias e identifique quais delas: (a) não são tão importantes nem para você nem para a sua empresa, e (b) são relativamente fáceis de descartar, delegar ou terceirizar. Nossa pesquisa sugere que pelo menos um quarto das atividades típicas de um trabalhador do conhecimento se enquadra nessas duas categorias, de modo que você deve tentar liberar até 10 horas por semana para atividades mais importantes do que essas. Lotta Laitinen, a gerente da If, identificou rapidamente várias reuniões e tarefas administrativas rotineiras que poderia descartar. Shantanu Kumar, CEO de uma pequena companhia de tecnologia em Londres, percebeu que estava envolvido demais em detalhes de planejamento de projetos, enquanto Vincent Bryant, um gerente da GDF SUEZ Energy Services, ficou surpreso ao ver quanto tempo desperdiçava organizando documentos.

Decida descartar, delegar ou replanejar

Separe as tarefas de pouco valor em três categorias: *morte rápida* (trabalhos que você pode parar de fazer agora sem nenhum efeito negativo), *redução de carga* (trabalhos que podem ser delegados com o mínimo de esforço) e *replanejamento de longo prazo* (trabalhos que precisam ser reestruturados ou revistos). Os participantes do nosso estudo descobriram que esse passo os obrigava a refletir cautelosamente sobre suas contribuições reais para as respectivas organizações. "Dei um passo atrás e me perguntei: 'Antes de mais nada, eu deveria estar fazendo isso? Meu subordinado pode fazer esse trabalho? Ele é bom o bastante?'", lembra Johann Barchechath, um gerente do BNP Paribas. "Isso me ajudou a determinar o que era valioso para o banco e o que era valioso para mim – e o que simplesmente não deveríamos estar fazendo de maneira nenhuma." Outro participante comentou: "Percebi que a grande mudança que eu deveria fazer era recusar imediatamente tarefas de pouco valor."

Delegando tarefas

Ouvimos de vários participantes que delegar era a parte mais desafiadora no início – mas que, no fim das contas, era muito recompensador. Um deles disse que não conseguia parar de se preocupar com as tarefas que delegara, enquanto outro teve dificuldades para "pressionar, indagar e acompanhar". Barchechath observou: "Aprendi sobre a importância do momento certo para delegar algo – é possível delegar cedo demais."

A maioria dos participantes acabou superando esses obstáculos em algum momento. Eles delegaram entre 2% e 20% do seu trabalho sem nenhum declínio na produtividade individual ou da equipe. "No início superestimei a capacidade da minha subordinada, mas foi ficando mais fácil e depois de um tempo até um trabalho parcialmente feito me energizava", disse Barchechath. Um bônus foi que funcionários juniores se beneficiaram de um maior envolvimento. "Minha assistente me disse várias vezes que estava grata pela oportunidade", acrescentou ele. Vincent Bryant decidiu delegar tarefas para um assistente pessoal virtual e diz que, embora temesse não se familiarizar com o serviço, "foi uma transição suave".

Invista o tempo liberado
O objetivo, é claro, não é ser apenas eficiente, mas também eficaz. Portanto, o próximo passo é determinar como utilizar da melhor maneira o tempo que você economizou. Anote duas ou três coisas que deveria estar fazendo, mas não está, e depois mantenha um registro para avaliar se está usando o seu tempo com mais eficácia. Alguns dos participantes do nosso estudo conseguiram ir para casa um pouco mais cedo para desfrutar a família (o que provavelmente os deixava mais felizes e produtivos no dia seguinte). Infelizmente, alguns relataram que o tempo livre foi engolido na mesma hora por eventos imprevistos: "Limpei minha caixa de entrada e de repente me vi apagando incêndios."

Contudo, mais da metade usou as horas adicionais para trabalhar melhor. "Para mim, o mais útil foi identificar as tarefas importantes para as quais não costumo ter tempo", disse Kumar. "Parei de gastar tempo com a minha ferramenta de planejamento de projetos e, em vez disso, me concentrei em atividades estratégicas, como o plano de ação para o produto." Laitinen usou sua agenda liberada para ouvir chamadas de clientes, observar seus melhores vendedores e orientar individualmente seus funcionários. O resultado foi aquele crescimento de 5% nas vendas em três semanas, com os maiores aumentos vindo de funcionários cujos desempenhos estavam abaixo da média. Um questionário mostrou que as reações da equipe ao experimento foram positivas e Laitinen descobriu que não perdeu nada abrindo mão de parte do seu trabalho. "A primeira semana foi muito estressante porque precisei fazer muitos planejamentos, mas na metade do estudo eu estava mais relaxada e todos os dias voltava para casa satisfeita."

Comprometa-se com o seu plano
Embora esse processo seja totalmente autodirigido, é crucial compartilhar seu plano com um chefe, colega ou mentor. Explique quais atividades você está abandonando e por quê. Além disso, concorde em discutir o que terá realizado dentro de algumas semanas. Sem esse passo, será fácil demais recair em maus hábitos. Muitos dos nossos participantes descobriram que os seus gestores eram solícitos e solidários. O chefe de Laitinen, Sven Kärnekull, sugeriu pessoas para quem ela poderia delegar seu trabalho. Outros participantes descobriram que simplesmente manifestar seu comprometimento para outra pessoa já os ajudava a cumprir o planejado.

Com esforço relativamente pequeno e sem nenhuma diretriz de gerenciamento, a intervenção que propomos pode aumentar bastante a produtividade de trabalhadores do conhecimento. É claro que nem sempre será fácil. "É difícil fazer essas mudanças sem ter alguém acompanhando de perto o que você está fazendo", observou um dos participantes do nosso estudo. Mas todos concordaram que o exercício foi uma "mola propulsora" para ajudá-los a se tornar funcionários e gestores mais eficientes, eficazes e engajados. Para fazer o mesmo, você não precisa replanejar um setor da empresa nem reorganizar um processo de trabalho ou transformar um modelo de negócios. Só precisa fazer as perguntas certas e agir de acordo com as respostas. Afinal de contas, se você é um trabalhador do conhecimento, foi contratado para usar seu julgamento, não é mesmo?

Publicado originalmente em setembro de 2013.

9

Não deixe sua expertise cegar você

Sydney Finkelstein

EXPERTISE SOA COMO UM BEM INCONTESTÁVEL em ambientes profissionais. Empresas a associam com desempenho e capacidade de liderança elevados e a procuram quando estão preenchendo cargos importantes. Contudo, estudando os melhores executivos ao longo da última década, passei a compreender que expertise também pode *comprometer* gravemente o desempenho de duas maneiras principais.

Considere o caso de Matthew Broderick, que liderou o Centro de Operações de Segurança Nacional quando o furacão Katrina atingiu Nova Orleans em agosto de 2005. General de brigada com 30 anos de experiência à frente de operações emergenciais, incluindo um período à frente do Centro de Comando do Corpo de Fuzileiros Navais dos Estados Unidos, Broderick parecia a pessoa perfeita para supervisionar a resposta à tempestade. "Sei do que se trata, já fiz isso", disse ele ao descrever as suas qualificações para o papel.

Broderick, porém, demorou mais de um dia após a passagem do furacão para acionar esforços de resgate e auxílio cruciais. Ele subestimou a extensão da catástrofe e isso teve consequências trágicas, em parte por causa da sua mentalidade de especialista, que o impedia de reconhecer que, mesmo sendo perito em lidar com crises em contextos militares, tinha pouca experiência com desastres naturais no âmbito civil. Treinado para verificar cada fato, evitando decisões tomadas na "névoa da guerra", ele fracassou em reconhecer que, naquele caso, velocidade era mais importante. Confiou excessivamente em inteligência militar em vez de ouvir fontes locais ou estatais. E, por causa da sua ampla expertise no Corpo de Fuzileiros Navais, ele presumiu – erroneamente – que oficiais de emergências federais reportariam informações para os seus superiores na cadeia de comando. Ele parece ter acreditado que seu brilhantismo em uma área o tornaria competente em outra.

Esse excesso de confiança é uma forma do que chamo de *armadilha da expertise*. Outra forma é quando líderes permitem que seu profundo conhecimento e sua vasta experiência os deixem cegos, vulneráveis e sem curiosidade – mesmo em suas áreas. Na década de 1990, os executivos da Motorola estavam tão obcecados com a ferramenta de melhoria Six Sigma, sua grande expertise, que não notaram a importância de migrar para tecnologias digitais e perderam terreno para os concorrentes. Cerca de uma década depois, quando a Apple lançou o primeiro iPhone, especialistas em tecnologia foram rápidos em declará-lo um fracasso – o CEO da Microsoft na época, Steve Ballmer, envolvido no negócio de PCs e computação conectada da empresa, proclamou que um dispositivo sem o tradicional teclado QWERTY não tinha nenhuma chance de conquistar uma fatia de mercado significativa. Mais recentemente, grandes varejistas penaram para competir com a Amazon porque executivos seniores estavam contando demais com a própria expertise em vendas e com táticas já conhecidas, como design de lojas, fechamentos e alterações na estratégia de marketing. Em cada um desses casos, os especialistas presumiram que o que sabiam estava certo e sempre estaria. Mas a realidade era outra, e essa mentalidade fechada levou a más execuções e resultados abaixo da média.

Quando começamos a nos identificar como especialistas, nossa mentalidade pode se estreitar, tanto no trabalho diário quanto em tempos de crise. Relutamos em admitir erros e fracassos, e com isso prejudicamos nosso desenvolvimento. Acabamos nos distanciando daqueles "abaixo" de nós, tornando mais difícil conquistar o afeto e a confiança deles. E, conforme a dinâmica dos negócios muda, corremos o risco de ser ignorados ou substituídos por colegas em ascensão, por pessoas de fora que estão sempre se atualizando ou por algoritmos de inteligência artificial que podem realizar tarefas rotineiras mais rápido e melhor do que nós. Com o tempo, a mesma expertise que levou ao nosso sucesso pode nos deixar infelizes, insatisfeitos e estagnados.

Está passando por um bloqueio criativo? Sente-se "velho" e desconectado no trabalho? Os outros parecem desconfortáveis ao desafiar as premissas e ideias que você defende? Desdobramentos de mercado estão começando a pegar você de surpresa? Esses são apenas alguns sinais de que você caiu na armadilha da expertise. (Para conhecer outros, veja o quadro "Sete sinais de que você caiu na armadilha da expertise".) A solução é clara: volte a se dedicar ao aprendizado e ao crescimento. Volte no tempo e redescubra apenas um pouco do que os budistas chamam de *mente de iniciante*.

Mas como? Muitos executivos que encontro me dizem que não querem ser agrilhoados pela própria expertise, mas no fluxo interminável de reuniões, e-mails, prazos e objetivos eles parecem não conseguir encontrar tempo para aprender novas habilidades e abordagens. Até participam de uma ou duas sessões de treinamento e tentam ler o best-seller de negócios mais recente no seu tempo livre, mas permanecem comprometidos com a sua mentalidade de especialista e com as mesmas ideias velhas e familiares.

A boa notícia é que alguns líderes extraordinários – dos mais ocupados e produtivos – desenvolveram estratégias para se esquivar ou escapar da armadilha da expertise. Podemos aprender com o exemplo deles.

Desafie a própria expertise

Especialistas se prendem às suas crenças em grande parte porque seu ego está ligado a ser "inteligente" ou "o melhor" na sua área. Para quebrar esse padrão, desprenda-se dessa identidade, cultive mais modéstia e lembre a si mesmo as suas limitações intelectuais.

Observe seu ego
Você às vezes ofusca os outros para transmitir uma boa imagem? Dita soluções a membros da sua equipe em vez de deixar que eles resolvam? Pressiona a si mesmo para sempre parecer "certo"? Quanto orgulho você sente

das conquistas que teve na empresa, dos convites que recebeu para conferências, dos prêmios que ganhou na profissão?

Se você fica excessivamente satisfeito com o status que acompanha o seu conhecimento adquirido com muito esforço, tente colocar um pouco os pés no chão. Michael Bloomberg trocou um luxuoso escritório particular na sua companhia de mídia por um simples cubículo. O fundador da IKEA, Ingvar Kamprad, também vivia de maneira modesta, fazendo viagens baratas e dirigindo um carro velho. Ian Cook, ex-CEO e agora presidente executivo da Colgate-Palmolive, fazia questão de visitar os vestiários nas fábricas e as instalações da empresa para descobrir o que estava realmente acontecendo. Alguns executivos com quem trabalhei também renunciam às suas vagas reservadas e estacionam em locais mais distantes para pegar o transporte público com funcionários comuns. Eles destacam as realizações dos outros em reuniões e eventos públicos e resistem ao impulso de levar o crédito por cada sucesso. Também procuram ouvir os membros da equipe em vez de dizer a eles o que devem fazer.

Sete sinais de que você caiu na armadilha da expertise

1. *Você não está familiarizado com novas tecnologias ou abordagens na sua área de atuação.*
2. *Quando alguém pergunta por que você ou a empresa fazem as coisas de determinada maneira, você pensa: "Bem, porque sempre fizemos assim."*
3. *Ao tomar decisões, você se concentra nos riscos e não nas oportunidades.*
4. *Você tem visto colegas usando formas de comunicação que você não usa – como mensagens de texto em vez de e-mails, celulares em vez de computadores e softwares como o Slack.*
5. *Você continua propondo as mesmas estratégias e táticas antigas para abordar novos desafios.*
6. *Você tenta aprimorar soluções antigas em vez de investir em outras inteiramente novas.*
7. *Millennials costumam ficar pouco tempo na sua equipe.*

Reveja metodicamente suas premissas

O general Broderick adotou uma série de premissas equivocadas na sua reação inicial ao Katrina. Você pode evitar erros parecidos trazendo à tona e testando regularmente as suas ideias arraigadas. No começo de um novo projeto, anote três ou mais "teorias" que o corroborem. Por exemplo, se o seu objetivo é aumentar o faturamento expandindo operações para um novo mercado geográfico, você talvez presuma que o mercado em questão é atraente, que os seus produtos ou serviços são apropriados para ele, que você o compreende tão bem quanto outros mercados e assim por diante. Analise cada uma dessas premissas, decida quais são válidas e quais deve descartar, e mude a sua estratégia ou abordagem de acordo com isso.

Uma executiva de quem fui coach, líder sênior em uma companhia de equipamentos médicos, estava com dificuldades para abocanhar uma fatia do mercado, embora a sua empresa possuísse ótima tecnologia. Quando lhe pedi para fazer esse exercício e expor as premissas em que acreditava, ela respondeu: "O poder de decisão está com os médicos. Nossos maiores concorrentes fecharam relacionamentos com os maiores sistemas hospitalares. Nossa tecnologia é a melhor do mercado." Quando analisou essas afirmações, ela se deu conta de que, embora os médicos estivessem no controle, os mais empreendedores dentre eles poderiam estar abertos a trabalhar com novos parceiros. E a empresa dela poderia apoiar médicos que desejavam romper com os grandes sistemas hospitalares e abrir as próprias clínicas independentes. Esse pensamento permitiu que ela escapasse da armadilha da expertise e conduzisse a sua empresa para competir de maneira inovadora, com resultados excelentes.

Procure ideias novas

Aprender exige exposição a novidades. Mas, quando você é um especialista, é fácil se enclausurar intelectualmente. Outras pessoas já não conseguem desafiar você com a mesma frequência e sua autoridade ou status pode lhe sugerir que você não precisa continuar aprendendo e crescendo. Se praticados com regularidade, os seguintes exercícios abrirão novas perspectivas sem desviar sua atenção de outras prioridades.

Veja colegas de equipe como professores
Reserve alguns minutos todo mês para refletir sobre as lições ou os insights mais importantes que você obteve dos membros da sua equipe, em especial daqueles cuja expertise seja inferior ou diferente da sua. Faça perguntas abertas para que eles revelem seus pensamentos e estimule-os a desafiar você e lhe dar feedback. Leve a sério os comentários que fizerem. Recompense aqueles que se manifestarem. Aron Ain, CEO da companhia de softwares Kronos, relatou ter o hábito de caminhar pelo escritório para se intrometer nas discussões ou improvisar grupos focais com funcionários em todos os níveis da empresa; desse modo ele consegue ouvir as opiniões dos funcionários sobre questões urgentes e colher novos insights.

Outra tática é pedir que colegas juniores façam apresentações sobre tópicos ou questões que acham importantes, mas que você e outros líderes seniores não estão considerando. Essas palestras não somente proporcionam uma ótima oportunidade de crescimento para pessoas mais jovens como também apresentam você a tendências, tecnologias e condições relevantes para o seu mercado. Kevin Cox adotou essa abordagem em 2016, quando era chefe de recursos humanos na American Express: ele convidou alguns jovens funcionários de alto desempenho a participar de um workshop especial de três dias e, depois, pediu que apresentassem suas melhores propostas aos líderes seniores. Mas tais eventos não precisam ser tão estruturados. Julian Robertson, a lenda dos fundos de hedge, era conhecido por conduzir reuniões informais nas quais os analistas juniores tinham a oportunidade de defender suas ideias diante dos colegas. Embora ele as rechaçasse regularmente, todos compreendiam e valorizavam o espírito de debate animado que estava tentando promover.

Explore novas fontes de talento
Especialistas se tornam estagnados criativamente e incapazes de aprender porque se cercam de pessoas que se parecem e falam como eles. A solução para isso, é claro, é contratar profissionais de diferentes formações, culturas e áreas de atuação. Bill Walsh, o lendário técnico principal do San Francisco 49ers, é venerado na NFL por ter contratado técnicos assistentes afro-americanos e ter criado um programa de estágio que permitia que a liga se beneficiasse daquela fonte de talento até então inexplorada. Quando

o Eastern Bank, sediado em Boston, criou um laboratório de inovações em 2014, deu origem a uma categoria de funcionários nunca vista no seu grupo de instituições financeiras: pessoas jovens e criativas de jeans e chinelos.

Pense na sua equipe, sua empresa e sua profissão. Alguma forma de diversidade – de etnia ou experiência de vida, por exemplo – não está representada? Que ideias ou perspectivas únicas seu ambiente de trabalho poderia obter de pessoas com o histórico que está faltando? Tente recrutar algumas delas por meio de canais atípicos e depois coloque-as a bordo de modo que mantenham sua originalidade e criatividade. Se você não puder contratar alguém, procure novas vozes em conferências ou na sua comunidade, converse com elas e traga-as para perto de você.

Tenha um exemplo a ser seguido ou um parceiro de aprendizado
Marcus Samuelsson, o chef etíope-sueco do aclamado restaurante Red Rooster, de Nova York, busca orientação de colegas de todas as idades atrás de inspiração para seguir aprendendo. Uma dessas colegas, diz Samuelsson, é Leah Chase, uma chef de Nova Orleans com mais de 90 anos que "ainda questiona as coisas com a mesma empolgação". Da mesma forma, quem poderia orientar você? Existe alguém na sua empresa ou profissão que se dedique à criatividade e ao crescimento de um jeito extraordinário? Procure essa pessoa, acompanhe as atividades dela e pergunte se vocês podem conversar de vez em quando para trocar ideias. Em que ela está pensando? O que está lendo? O que ela faz para ampliar os horizontes e permanecer atualizada?

Você também pode cultivar "parceiros de aprendizado" – colegas que desafiam a sua mentalidade e com quem você pode trocar novas ideias. O CEO da Scripps Health, Chris Van Gorder, consulta um grupo de "amigos leais" dentro e fora da organização que ele sabe que darão "feedback honesto e às vezes duro" sobre o seu desempenho. Da próxima vez que estiver em um programa de desenvolvimento profissional com participantes de outras áreas de atuação, não deixe de se conectar com uma ou duas pessoas que possam servir como um porto seguro para você.

Abrace o experimentalismo

Líderes e gestores presos na armadilha da expertise não somente cegam a si mesmos em relação a novas ideias – eles também param de experimentar e de assumir riscos, o que, por fim, leva à sua ruína, porque raramente aprendem qualquer coisa nova. É importante sair da sua zona de conforto, mesmo que você possa quebrar a cara no meio do caminho.

Sempre busque desafios criativos
Não espere que os outros o instiguem a experimentar. Desafie a si mesmo recebendo de bom grado tarefas incomuns e tratando-as como "experimentos científicos". Permita-se ignorar regras estabelecidas e experimentar outras maneiras de realizar tarefas. Ainda que elas não sejam necessariamente mais demoradas (podem até ser mais eficientes), vale a pena pedir flexibilidade ao seu chefe, destacando que você está experimentando e assumindo alguns riscos pelo bem da equipe. Resista ao impulso de dizer não a novidades.

Desafiar a si mesmo com novas atividades fora do trabalho também ajuda. Muitos líderes bem-sucedidos mantêm hobbies criativos como um modo de permanecer bem-dispostos e "jovens" e de levar essa mentalidade de volta para o escritório. Dizem que Mark Zuckerberg aprendeu sozinho uma nova língua – o mandarim. David Solomon, CEO da Goldman Sachs, tem o hobby de tocar como DJ em casas noturnas de Nova York. Nathan Myhrvold, ex-executivo da Microsoft, escreve livros de receitas.

Aprenda com seus erros
Muitos gestores especialistas minimizam ou ignoram os próprios lapsos, talvez para preservar a visão positiva que têm das próprias capacidades. Os líderes notáveis que estudei sabem que erros devem ser reconhecidos, e não varridos para debaixo do tapete – especialmente quando eles próprios os cometeram. Quão autoconsciente você é nesse quesito? Reserve algum tempo todos os meses para pensar sobre os erros que cometeu, grandes ou pequenos. Você percebe algum padrão? Aconteceram quando estava fora de sintonia com a sua equipe? Você tomou decisões precipitadas? Algum erro decorreu de experimentos que estava fazendo? Se foi esse o caso, quais

lições você aprendeu? E em quais experimentos novos pode investir para melhorar seu desempenho?

Não tenha medo de divulgar os frutos desse exercício. A cada três meses, realize "reuniões de erro" para descrever o maior equívoco que você cometeu no período e o que aprendeu com ele. Depois convide os membros da equipe a fazer o mesmo. O magnata industrial indiano Ratan Tata tentou institucionalizar essa prática presidindo uma premiação anual chamada Dare to Try (Ouse Tentar), a qual reconhece funcionários por tentarem realizar projetos louváveis, mas que não tiveram sucesso.

Líderes excepcionais sabem que o aprendizado nunca está "concluído" – deve ser uma busca por toda a vida, proporcionando tanto prazer quanto humildade. O que mais temem não é que sua expertise e autoridade sejam desafiadas; eles temem se tornar complacentes. A boa notícia é que todos temos o poder de unir aprendizado com nossa própria essência no trabalho.

Por mais prevalente e perigosa que seja a armadilha da expertise, podemos escapar dela – ou evitá-la completamente – reequilibrando nossa identidade profissional, revendo nossas premissas, ouvindo nossos colegas de equipe, engajando vozes diferentes, descobrindo novos exemplos a serem seguidos, desafiando a nós mesmos com novas atividades e aprendendo com nossos erros. Podemos cultivar uma mente de iniciante para acompanhar nossa expertise e nos levar a novos níveis de criatividade e desempenho.

Publicado originalmente em março de 2019.

10

Atenção plena na era da complexidade

Ellen Langer e Alison Beard

DURANTE QUASE QUATRO DÉCADAS a pesquisa de Ellen Langer sobre atenção plena (ou *mindfulness*) influenciou consideravelmente o modo de pensar em diversas áreas, de economia comportamental a psicologia positiva. Ela revela que, prestando atenção no que está acontecendo ao nosso redor em vez de operar no piloto automático, podemos reduzir o estresse, liberar a criatividade e aumentar o desempenho. Seus experimentos de "volta no tempo", por exemplo, demonstraram que idosos podiam melhorar sua saúde simplesmente agindo como se tivessem retrocedido 20 anos. Nesta entrevista para a editora sênior Alison Beard, Langer aplica o seu modo de pensar em liderança e gestão em uma era cada vez mais caótica.

Vamos começar pelo básico. O que, exatamente, é atenção plena? Como você a define?

Langer: Atenção plena é o processo de reparar deliberadamente em coisas novas. Quando faz isso, você é puxado para o presente e se torna mais sensível a contextos e perspectivas. É a essência do engajamento. E isso gera energia ao invés de consumi-la. O erro que a maioria das pessoas comete é presumir que a atenção plena – todo esse processo de pensar – é estressante e exaustiva. O que considero estressantes são todas as avaliações negativas inconscientes que fazemos e a preocupação de encontrar problemas que não seremos capazes de solucionar.

Todos procuramos estabilidade. Queremos manter as coisas estáticas, pensando que assim poderemos controlá-las. Mas, como tudo está sempre mudando, isso não funciona. Na verdade, faz você perder o controle.

Veja os processos de trabalho. Quando as pessoas dizem "É assim que se faz", isso não reflete a realidade. Sempre há muitas maneiras de fazer alguma coisa, e a maneira que você escolhe deve depender do contexto atual. Você não pode resolver os problemas de hoje com as soluções de ontem. Portanto, quando alguém disser "Pratique isso até que se torne automático", faça um alarme soar na sua cabeça, porque isso significa falta de atenção. As regras que lhe deram foram as que funcionaram para a pessoa que as criou; quanto mais diferente você for dessa pessoa, pior essas regras funcionarão para você. Quando você está plenamente atento, regras, rotinas e objetivos passam a orientá-lo em vez de governá-lo.

Quais são alguns dos benefícios específicos de ser mais atento, segundo a sua pesquisa?

Melhor desempenho, para começar. Conduzimos um estudo com músicos sinfônicos e descobrimos que eles estão morrendo de tédio. Estão tocando as mesmas obras repetidamente; ainda assim, é um emprego prestigioso que não podem abandonar com facilidade. Portanto, fizemos com que se apresentassem em grupos. Alguns foram instruídos a replicar uma apresentação anterior da qual haviam gostado – ou seja, tocar basicamente sem pensar. Outros foram instruídos a inovar sua apresentação de maneiras sutis – a tocar com atenção plena.

Veja que não se tratava de jazz; portanto, as mudanças foram realmente muito sutis. Mas, quando tocamos as gravações dessas sinfonias para pessoas que não sabiam nada sobre o estudo, a maioria esmagadora preferiu as peças tocadas atentamente. Tínhamos ali uma apresentação em grupo na qual cada um estava fazendo do seu jeito, e era melhor. Existe uma ideia de que, se você deixar todo mundo fazer do próprio jeito, o caos reinará.

Quando as pessoas estão fazendo as coisas do próprio jeito de maneira rebelde, sim, isso pode acontecer. Mas, se todos estiverem trabalhando no mesmo contexto e totalmente presentes, não haverá motivo para que não se obtenha um desempenho coordenado melhor.

Há muitas outras vantagens na atenção plena. É mais fácil prestar atenção. Você se lembra mais do que fez, é mais criativo, é capaz de se beneficiar de oportunidades quando elas se apresentam. Evita o perigo que ainda não surgiu. Gosta mais das pessoas e as pessoas gostam mais de você porque você é menos crítico. Também se torna mais carismático.

A ideia de procrastinação e arrependimento pode ser abandonada, pois agora você sabe o motivo de estar fazendo algo e não se cobra por não fazer outra coisa. Se você está totalmente presente quando decide priorizar tal tarefa ou trabalho na firma, ou criar tal produto, ou adotar tal estratégia, por que se arrependeria?

Tenho estudado isso há quase 40 anos e, praticamente segundo qualquer parâmetro, descobrimos que a atenção plena gera um resultado mais positivo. Isso faz sentido quando você se dá conta de que é uma variável superordenada. Não importa o que esteja fazendo – comendo um sanduíche, dando uma entrevista, trabalhando em algum equipamento, escrevendo um relatório –, você o está fazendo atenta ou desatentamente. Quando você faz algo atentamente, isso deixa uma marca no resultado. Nos níveis mais elevados de qualquer área – os CEOs da *Fortune 500*, os artistas e músicos mais notáveis, os melhores atletas, os melhores professores e mecânicos –, você encontrará pessoas atentas, porque essa é a única maneira de se chegar lá.

Que tipo de relação você conseguiu estabelecer entre atenção plena e inovação?

Eu e Gabriel Hammond, um estudante de pós-graduação, conduzimos um estudo no qual pedimos aos participantes para inventarem novas utilidades para produtos que tinham fracassado. Orientamos um grupo para a desatenção dizendo a eles de que maneira aquele produto não tinha atingido seu objetivo original – como o exemplo famoso da 3M da cola que não funcionou. Orientamos o outro grupo para a atenção plena simplesmente descrevendo as propriedades do produto – uma substância que adere somente por pouco tempo. Obviamente as ideias mais criativas para novas utilidades daquele produto vieram do segundo grupo.

Além de pesquisadora, sou artista, escritora e consultora – para mim, cada atividade contribui para as outras –, e tive a ideia de estudar atenção plena e erros quando estava pintando. Olhei para a tela e vi que estava usando ocre quando pretendia usar magenta, então comecei a tentar consertar aquilo. Mas foi aí que me dei conta de que eu tinha decidido usar magenta apenas alguns segundos antes. As pessoas fazem isso o tempo todo. Você começa com incerteza, toma uma decisão e, se cometer um erro, é uma calamidade. Mas o caminho que você estava seguindo era apenas uma decisão. Você pode mudá-la a qualquer momento, e talvez uma alternativa dê um resultado melhor. Quando você age com atenção plena, erros se tornam amigos.

Como a atenção plena torna alguém mais carismático?

Nós demonstramos isso em alguns estudos. Um dos primeiros foi com vendedores de lojas de departamentos: aqueles que tinham atenção plena vendiam mais e eram considerados mais simpáticos pelos clientes. Mais recentemente examinamos a enrascada em que se encontram as mulheres executivas: se elas agem de modo enérgico, estereotipicamente masculino, são vistas como megeras, mas, se agem de acordo com o estereótipo feminino, são vistas como fracas e incapazes de desempenhar papéis de liderança. Então pedimos a dois grupos de mulheres para fazerem discursos persuasivos. Um grupo foi instruído a agir de modo "masculino" e o outro de modo "feminino". Depois, metade de cada grupo foi instruída a fazer sua palestra com atenção plena e descobrimos que o público preferia as palestrantes atentas, independentemente do papel de gênero que estivessem representando.

E a atenção plena também torna você menos crítico em relação aos outros?

Sim. Todos temos a tendência de categorizar inconscientemente as pessoas: fulano é rígido, beltrana é impulsiva. Mas, quando você delimita alguém dessa maneira, perde a oportunidade de desfrutar de um relacionamento com essa pessoa ou de usar os talentos que ela tem a oferecer. A atenção plena nos ajuda a compreender por que as pessoas se comportam de determinada maneira. Aquilo faz sentido para elas naquele momento; do contrário, não agiriam assim.

Conduzimos um estudo no qual pedimos às pessoas que classificassem os próprios traços de personalidade – as coisas que mais gostariam de mudar e aquelas que mais valorizavam em si mesmas – e descobrimos uma grande ironia. Os traços que as pessoas valorizavam tendiam a ser versões positivas daqueles que queriam mudar. Portanto, o motivo pelo qual não consigo deixar de ser impulsiva é que valorizo ser espontânea. Isso significa que, se quiser mudar o meu comportamento, você precisará me convencer a não gostar de espontaneidade. Mas o mais provável é que, quando me vir a partir desta perspectiva – espontânea em vez de impulsiva –, você não terá mais vontade de mudar quem eu sou.

Gestão com atenção plena

O que gestores podem fazer para serem mais atentos?
Uma tática é imaginar que os seus pensamentos são totalmente transparentes. Se eles fossem, você não pensaria coisas horríveis sobre as pessoas e daria um jeito de entender a perspectiva delas.

Quando estiver irritado com algo – por exemplo, alguém lhe entregou uma tarefa com atraso ou não a fez como você queria –, pergunte a si mesmo: "Isto é uma tragédia ou uma inconveniência?" Provavelmente é a segunda opção. A maioria das coisas que nos irritam não é uma tragédia.

Também peço às pessoas que pensem sobre *integração* entre trabalho e vida pessoal, e não equilíbrio. "Equilíbrio" sugere que essas duas áreas da vida são opostas e não possuem nada em comum. Mas isso não é verdade. Ambas tratam principalmente de pessoas. Há estresses em ambas. Há agendas a serem cumpridas. Se mantém essas áreas separadas, você não aprende a transferir para uma o que faz com sucesso na outra. Quando somos plenamente atentos, percebemos que categorias são construídas por pessoas e não nos limitam.

Perceba também que o estresse não deriva dos acontecimentos, e sim da visão que você tem desses acontecimentos. Você pensa que algo específico está prestes a ocorrer e que isso será terrível. Mas previsões são uma ilusão. Não podemos saber o que acontecerá. Portanto, liste cinco razões pelas quais você acha que não perderá seu emprego. Depois pense em cinco razões para considerar uma possível demissão como uma vantagem – novas oportunidades, mais tempo com a família e assim por diante. Em vez de pensar que algo vai acontecer, agora você está pensando que algo talvez aconteça e, mesmo se for o caso, você ficará bem.

Se você se sente sobrecarregado pelas suas responsabilidades, adote a mesma abordagem. Questione a crença de que você é a única pessoa capaz de fazer algo, que há somente um jeito de fazê-lo e que a empresa entrará em colapso se você não o fizer. Quando você amplia os seus pontos de vista para a atenção plena, o estresse simplesmente se dissolve.

A atenção plena ajuda você a entender que não há resultados positivos ou negativos. Há A, B, C, D, etc., cada um com seus desafios e oportunidades.

Apresente algumas situações hipotéticas e explicarei como a atenção plena pode ajudar nesses casos.

Sou líder de uma equipe em conflito. As pessoas estão defendendo com veemência estratégias diferentes e preciso escolher uma.

Existe uma história antiga sobre dois caras se apresentando diante de um juiz. Um deles conta o seu lado da história e o juiz diz: "Está certo." O outro também conta o seu lado da história e o juiz diz: "Está certo." Eles protestam: "Não é possível que nós dois estejamos certos." E o juiz responde: "Está certo." Temos essa ideia inconsciente de resolver conflitos com uma escolha entre esta ou aquela maneira, ou com um meio-termo em que cada parte cede um pouco. Mas quase sempre é possível buscar soluções nas quais os dois lados saem ganhando. Em vez de deixar as pessoas fincarem os pés no que acreditam, volte atrás e abra a discussão. Faça os adversários interpretarem o debate como se estivessem do outro lado; faça com que vejam os bons argumentos do seu opositor. Depois encontre um caminho no qual ambos estejam certos.

Sou uma executiva muito atarefada que está enfrentando uma crise pessoal.

Se eu não pudesse dar esta entrevista por estar enfrentando um problema em casa, diria: "Alison, espero que me perdoe, mas minha cabeça está em outro lugar agora porque estou passando por uma crise na família."

E você poderia dizer: "Ah, sinto muito, eu também passei por problemas semana passada. Tudo bem. Eu entendo." Depois, quando a crise já tivesse passado, poderíamos retomar o que estávamos fazendo, mas agora com um relacionamento totalmente novo, que nos prepararia para todo tipo de coisa boa no futuro.

Sou uma chefe fazendo a avaliação de um funcionário com desempenho insatisfatório.

Deixe claro que a avaliação é a *sua* perspectiva, e não uma perspectiva universal, o que abre o diálogo. Digamos que um aluno ou um funcionário some um mais um e o resultado dê um. O professor ou o chefe pode simplesmente dizer "errado" ou então pode tentar descobrir como a pessoa chegou àquele cálculo. Nesse caso o funcionário diz: "Se você acrescentar um pedaço de chiclete a outro pedaço de chiclete, um mais um será igual a um." Agora foi o chefe quem aprendeu alguma coisa.

Como uma líder, você pode andar por aí como se fosse Deus e fazer com que todos estremeçam. Mas assim não aprenderá nada, pois não lhe dirão nada, e você se sentirá solitária e infeliz. O topo não precisa ser um lugar solitário. Você pode estar lá e ser receptiva.

Como se cria uma empresa mais atenta?

Quando presto consultoria para empresas, costumo começar mostrando a todos quão desatentos são e o que perdem com isso. Você só pode ser desatento sob duas condições: ou descobriu a melhor maneira possível de fazer as coisas, ou nada jamais mudará. Obviamente, isso não é factível. Portanto, se você está trabalhando em algo, deve estar presente e observar as coisas. Depois explico que há caminhos alternativos para se chegar a qualquer lugar e que, na verdade, você nem sequer pode ter certeza de que o destino que escolheu é onde deseja mesmo estar no fim das contas. Tudo parece diferente a partir de perspectivas diferentes.

Digo a líderes que eles devem aceitar o fato de não saber – eu não sei, você não sabe, ninguém sabe – em vez de agir como se soubessem, porque desse jeito as outras pessoas também fingem que *elas* sabem, o que leva a toda sorte de desconforto e ansiedade. Elimine políticas de zero acidente. Se você tem uma política de zero acidente, terá uma política de máxima mentira. Incentive as pessoas a perguntar: "Por quê? Quais são os benefícios de fazer isso desta maneira e não daquela?" Quando você age assim, todos relaxam um pouco e se tornam mais capazes de enxergar e de se beneficiar de oportunidades.

Eu estava trabalhando com um lar de idosos anos atrás e uma enfermeira entrou reclamando que uma das residentes não queria ir ao refeitório. Ela queria ficar no seu quarto e comer pasta de amendoim. Então me intrometi e disse: "O que há de errado nisso?" A resposta dela foi: "E se todos quiserem fazer o mesmo?" E eu falei: "Bem, se todos fizessem o mesmo, você economizaria muito dinheiro com comida. Mas, falando sério, isso lhe diria algo sobre como a comida está sendo preparada ou servida. Se é somente uma pessoa agindo assim de vez em quando, qual é o problema? Se isso acontecesse o tempo todo, aí sim haveria uma oportunidade a ser investigada."

Imagino que você não goste de checklists.
A primeira vez que você repassa um checklist, está tudo bem. Mas, depois disso, a maioria das pessoas tende a fazê-lo inconscientemente. Por exemplo, na aviação você segue o protocolo: flaps para cima, acelerador ativado, antigelo desligado. Mas, se nevar em breve e o antigelo estiver desligado, o avião vai cair.

Checklists não são ruins quando exigem que informações qualitativas sejam obtidas naquele momento. Por exemplo: "Por favor, registre aqui as condições climáticas. Com base nisso, o antigelo deve estar ligado ou desligado?", ou "Que alterações você observa hoje na pele do paciente em relação a ontem?". Se você fizer perguntas que estimulem a atenção plena, trará as pessoas para o presente e ficará mais fácil evitar um acidente.

Comentários atentos e qualitativos também ajudam em relacionamentos interpessoais, diga-se de passagem. Se você fizer um elogio do tipo "Você está com uma aparência ótima", nem de longe será tão eficaz quanto algo como "Os seus olhos estão brilhando hoje". Para dizer isso, você precisa estar presente no momento, e isso é algo que as pessoas reconhecem e valorizam.

Atenção plena e foco

O ambiente dos negócios mudou muito desde que você começou a estudar a atenção plena. Ele está mais complexo e incerto. Temos acesso a novos dados e novas análises o tempo todo. Portanto, a atenção plena se torna mais importante para navegar no caos – mas o caos torna muito mais difícil manter a atenção plena.

Creio que o caos seja uma percepção. As pessoas dizem que há informações demais, e eu diria que não há mais informações agora do que houve antes. A diferença é que as pessoas acreditam que precisam saber – que quanto mais informação tiverem, melhor será o produto e mais lucro a empresa terá. Não creio que isso dependa tanto da quantidade de informações que alguém tem, e sim de como elas são absorvidas. E isso precisa ser feito com atenção plena.

Como a tecnologia mudou nossa capacidade de estar atentos? Ela é uma ajuda ou um obstáculo?

Mais uma vez, pode-se aplicar a atenção plena a qualquer coisa. Descobrimos que, se você é receptivo e flexível, usar operações multitarefa pode ser uma vantagem. A informação sobre uma coisa pode ajudar você em outra. Deveríamos entender que a tecnologia é divertida e atraente, e inserir isso no nosso trabalho.

Recentemente a HBR publicou um artigo sobre a importância do foco no qual o autor, Daniel Goleman, fala sobre a necessidade tanto de exploração quanto de aproveitamento. Como você equilibra a atenção plena – procurar constantemente pelo novo – com a capacidade de botar a mão na massa e fazer as coisas?

A vigilância, ou a atenção com excesso de foco, provavelmente é menos eficaz. Se estou cavalgando em alta velocidade pela floresta, de olho nos galhos para não ser atingida no rosto, posso deixar passar a pedra no chão, então meu cavalo tropeça e sou derrubada. Mas não creio que seja isso o que Dan queria dizer por foco. O que desejamos é uma abertura suave – estar atento às coisas que se está fazendo, mas não focado demais, porque nesse caso perderá outras oportunidades.

Temos ouvido o mundo corporativo falar mais sobre atenção plena ultimamente. Quando você se deu conta de que as ideias que vem estudando há anos tinham sido integradas à cultura popular?

Eu estava em uma festa e duas pessoas diferentes vieram até mim e disseram: "Essa história de atenção plena está em toda parte." Obviamente, acabo de assistir a um filme que começa com alguém contornando a Harvard Square perguntando às pessoas o que é atenção plena e ninguém sabe. Portanto, ainda há muito trabalho a ser feito.

Em que você vai trabalhar a seguir?

O Langer Mindfulness Institute trabalha em três arenas: saúde, envelhecimento e ambientes de trabalho. Em saúde, queremos ver até que ponto conseguimos levar a ideia de mente-corpo. Anos atrás, conduzimos estudos com camareiras (que perdiam peso depois que passavam a considerar seu trabalho um exercício físico) e com exames de vista (nos quais as pessoas que se saíam melhor começavam lendo as letras grandes na parte de baixo e iam subindo para as pequenas no topo, criando a expectativa de que seriam capazes de ler com clareza). Agora estamos tentando curar por meio da atenção plena muitas doenças consideradas incontroláveis. Queremos ver se conseguimos pelo menos aliviar os sintomas. Estamos também realizando retiros de "volta no tempo" em todo o mundo, começando em San Miguel de Allende, no México, usando técnicas cientificamente comprovadas para ajudar as pessoas a viver com mais ousadia. Realizamos ainda conferências e prestamos consultoria em integração entre trabalho e vida pessoal, liderança e processos de estratégia conscientes, redução de estresse e inovação para companhias como Thorlo e Santander, e ONGs como a CARE e a Energy Action Network, de Vermont.

Dizem que enlouqueço os alunos porque estou sempre tendo ideias novas. Estou pensando em, talvez, fazer um acampamento de atenção plena para crianças. Um exercício poderia ser pegar um grupo de 20 crianças e dividi-las em subgrupos – meninos e meninas, mais novos e mais velhos, cabelo escuro e cabelo claro, roupa preta e roupa colorida –, até se darem conta de que todos são únicos. Como tenho dito há 30 anos, a melhor maneira de diminuir o preconceito é aumentar o discernimento. Também jogaríamos e, na metade do programa, misturaríamos as equipes. Ou, talvez, daríamos a cada criança a oportunidade de reescrever as regras do jogo, de modo que ficasse claro que desempenho é somente um reflexo da capacidade de cada um sob certas circunstâncias. Por exemplo, se permitissem três saques no tênis, eu seria uma jogadora muito melhor.

O que você gostaria que todos os executivos lembrassem a respeito de atenção plena?

Isto vai parecer banal, mas é algo em que acredito muito: a vida consiste apenas de momentos, nada mais que isso. Portanto, se cada momento for importante, tudo mais será importante também. Você pode ser atento ou desatento. Pode vencer ou perder. O pior cenário é ser desatento e perder. Portanto, quando estiver fazendo qualquer tarefa, esteja plenamente atento, repare em coisas novas, torne-as importantes para você e assim você prosperará.

Publicado originalmente em março de 2014.

11

A liderança primordial

O propulsor oculto de um grande desempenho
Daniel Goleman, Richard E. Boyatzis e Annie McKee

QUANDO A TEORIA SOBRE INTELIGÊNCIA EMOCIONAL no trabalho passou a receber atenção ampla, com frequência ouvíamos executivos dizerem – no mesmo fôlego – "É incrível" e "Claro, eu sempre soube disso". Era como reagiam à pesquisa que demonstrava a indiscutível ligação entre a maturidade emocional de um executivo, exemplificada por habilidades como autoconhecimento e empatia, e o resultado financeiro que ele obtém. De maneira simples, a pesquisa mostrava que "gente boa" – isto é, homens e mulheres com inteligência emocional – chega em primeiro lugar.

Recentemente compilamos dois anos de novas pesquisas que, suspeitamos, causarão o mesmo tipo de reação. A primeira coisa que dirão é "De jeito nenhum" e logo acrescentarão "Mas é claro". Descobrimos que, entre todos os elementos que afetam o resultado financeiro, o humor e o comportamento do líder são os mais surpreendentes. Esse poderoso par dá início a uma reação em cadeia: ambos direcionam o humor e o comportamento de todos que o cercam. Um chefe mal-humorado e rude cria uma

> ## Em resumo
>
> Qual é o fator que exerce maior influência sobre o desempenho de uma empresa? A resposta vai surpreendê-lo – e faz todo o sentido: é o humor do líder.
>
> A inteligência emocional dos executivos – autoconhecimento, empatia, conexão com os outros – tem ligações claras com a própria performance. Mas novas pesquisas mostram que o estilo emocional do líder também influencia o humor e o comportamento do restante da empresa – por meio de um processo neurológico chamado **contágio de humor**. Algo parecido com o ditado "Sorria e o mundo sorrirá para você".
>
> A inteligência emocional percorre a organização como a eletricidade corre pelos fios. Chefes deprimidos e rudes criam organizações tóxicas, cheias de elementos subaproveitados e esbanjando negatividade. Mas, se você é um líder otimista e inspirador, acabará cultivando funcionários positivos que abraçam e superam até os desafios mais difíceis.
>
> A liderança emocional não consiste apenas em colocar uma máscara de alegria todos os dias. Ela implica entender o impacto que você exerce sobre os outros – e ajustar seu estilo levando isso em consideração. É um processo difícil de autodescoberta – mas essencial *antes* que se possa enfrentar as responsabilidades da liderança.

organização tóxica, cheia de pessoas negativas e recalcadas, que ignoram oportunidades. Um líder inspirador e inclusivo gera seguidores para os quais qualquer obstáculo é transponível. O elo final da cadeia é o desempenho: lucro ou prejuízo.

Nossa observação sobre o impressionante impacto do "estilo emocional" do líder não é um completo desvio de nossa pesquisa. No entanto, representa uma análise mais profunda acerca da afirmação anterior de que a inteligência emocional de um líder cria uma cultura ou um ambiente de trabalho específicos. A pesquisa mostrou que altos níveis de inteligência emocional criam climas nos quais a troca de informação, a confiança, a tomada saudável de riscos e o aprendizado florescem. Níveis baixos criam climas cheios de medo e ansiedade. Funcionários tensos ou aterrorizados podem ser bastante produtivos a curto prazo e garantir bons resultados para as organizações, mas estes nunca duram.

Nossa investigação foi projetada em parte para analisar como a inteligência emocional determina o desempenho – em particular, como ela viaja, a partir do líder, por toda a organização até os resultados financeiros. "De qual mecanismo", perguntamos, "se compõem os elos da cadeia?". A fim de responder a essa questão, olhamos para as pesquisas neurológicas e psicológicas mais recentes. Também nos inspiramos no nosso trabalho com líderes empresariais, em observações feitas por colegas sobre centenas de líderes e em dados do Hay Group sobre o estilo de liderança de milhares de executivos. Desse arcabouço de pesquisas, descobrimos que a inteligência emocional é transmitida para o interior de uma organização assim como a eletricidade corre por meio da fiação. Para sermos mais específicos, o humor do líder é, literalmente, contagiante e espalha-se de forma rápida e inexorável pelo negócio.

Adiante discutiremos com mais profundidade a ciência do contágio de humor, mas antes vamos nos voltar para as principais implicações de nossa descoberta. Se a disposição do líder e os comportamentos decorrentes são de fato poderosos condutores do sucesso empresarial, então sua tarefa principal – diríamos até sua tarefa primordial – é a liderança emocional. Um líder precisa garantir a manutenção de um padrão otimista, autêntico e cheio de energia não apenas para si, mas também para motivar seus seguidores a imitar seu exemplo em ações deliberadas. A gestão para obter resultados financeiros, então, começa com o líder cuidando de sua vida para que ocorra a correta reação em cadeia de emoções e comportamentos.

É claro que administrar a vida interior não é fácil. Para muitos, trata-se do desafio mais difícil. E pode ser igualmente difícil aferir como a emoção de uma pessoa afeta as outras. Por exemplo, conhecemos um CEO que tinha certeza de que todos o viam como alguém positivo e confiável; seus subordinados diretos nos contaram que consideravam sua alegria forçada, até mesmo falsa, e suas decisões, erráticas. (Denominamos essa desconexão comum de "doença do CEO".) A implicação é que a liderança primordial requer mais do que vestir uma carapuça de alegria todos os dias. Exige que o executivo determine, por meio de análise e reflexão, como sua liderança

Na prática

Como fortalecer sua liderança emocional

Uma vez que poucas pessoas têm a coragem de dizer a verdade sobre o impacto emocional provocado por você, é preciso descobrir por conta própria. O seguinte processo pode ajudar. Ele se baseia na neurociência, bem como em anos de pesquisa de campo com executivos. Use estes passos para reconfigurar seu cérebro e para trabalhar com mais inteligência emocional.

1. Quem você quer ser?

Imagine-se como um líder altamente eficaz. O que você vê?

Exemplo: Sofia, gerente sênior, costumava microgerenciar os outros para garantir que o trabalho fosse feito de forma "correta". Então ela se *imaginou* no futuro como líder eficaz da própria empresa, desfrutando de relacionamentos cheios de confiança com os colegas. Ela se viu relaxada, feliz e poderosa. O exercício revelou lacunas no estilo emocional que adotava.

2. Quem é você atualmente?

A fim de enxergar seu estilo de liderança do mesmo modo que os outros, colha feedback de 360 graus, especialmente de pares e subordinados. Identifique suas fraquezas e seus pontos fortes.

3. Como chegar lá?

Faça um plano para preencher a lacuna entre quem você é e quem quer ser.

Exemplo: Juan, executivo de marketing, era ranzinza, intimidador e difícil de agradar. Encarregado do crescimento da empresa, *precisava* ser otimista e encorajador – um conselheiro com visão. Determinado a entender os outros, ele se tornou treinador de futebol, voluntário em um centro de crises e passou a conhecer seus subordinados, encontrando-os fora do trabalho. Essas novas situações o estimularam a romper com velhos hábitos e a tentar novas respostas.

4. Como fazer com que as mudanças permaneçam?

Ensaie novos comportamentos repetidas vezes – física e mentalmente – até que se tornem automáticos.

Exemplo: Tom, um executivo, queria aprender como aconselhar em vez de punir. Usou o tempo do deslocamento até o trabalho para visualizar uma reunião difícil com um funcionário e se viu fazendo perguntas e ouvindo. Ensaiou mentalmente como lidaria com a própria impaciência. O exercício o preparou para adotar novos comportamentos no encontro real.

5. Quem pode ajudar?

Não tente trabalhar suas capacidades emocionais sozinho – identifique aqueles que podem ajudá-lo a navegar por esse difícil processo. Gerentes da Unilever formaram grupos de aprendizado que os ajudaram a fortalecer suas capacidades ao trocar entre si feedbacks francos e ao desenvolver uma sólida confiança mútua.

emocional orienta a disposição e as ações da empresa, e a partir daí, com igual disciplina, ajuste seu comportamento.

Isso não quer dizer que líderes não podem passar por um dia ou uma semana ruins: a vida não para. E nossa pesquisa não sugere que o bom humor precisa ser de alta frequência ou ininterrupto – basta ser otimista, sincero e realista. Mas não há como escapar da conclusão, antes de passar ao amplo conjunto de suas outras responsabilidades críticas, de que em primeiro lugar o líder precisa prestar atenção no impacto provocado por sua disposição e seu comportamento. Neste artigo introduzimos um processo que pode ser empregado para analisar como as outras pessoas vivenciam sua liderança. Abordamos modos de calibrar esse impacto. Primeiro vejamos por que o estado de espírito não costuma ser discutido no ambiente de trabalho, como o cérebro funciona para tornar a disposição contagiante e o que precisamos saber acerca da "doença do CEO".

Chefes malvados que vencem

Todo mundo conhece um CEO rude e repressor que, aparentemente, é a antítese da inteligência emocional e, no entanto, colhe ótimos resultados nos negócios. Se o humor de um líder tem tanta importância, como podemos explicar o sucesso daqueles chefes horríveis?

Primeiro, examinemos melhor a situação. Um executivo pode ocupar um cargo mais visível sem que ele de fato seja a liderança da empresa. Um CEO que lidera um conglomerado pode não falar diretamente com a equipe; são os chefes de divisão que efetivamente lideram os funcionários e influenciam os resultados.

Em segundo lugar, às vezes esse líder tem pontos fortes que contrabalançam seu comportamento cáustico, mas que não chamam tanto a atenção da imprensa especializada. No começo de sua carreira na GE, Jack Welch liderava com mão de ferro enquanto a empresa passava por uma transformação radical. Naquela época e naquela situação, o estilo firme de Welch, de impor decisões de cima para baixo, era adequado. O que não foi tão noticiado foi como Welch adotou posteriormente um estilo de liderança mais inteligente em termos emocionais, em especial quando articulou uma nova visão para a empresa e mobilizou as pessoas a segui-la.

Deixando essas advertências de lado, voltemos para os desagradáveis lí-

De jeito nenhum! Mas é claro!

Quando dissemos que é provável que as pessoas reajam à nossa descoberta dizendo "De jeito nenhum", não estávamos brincando. O fato é que o impacto emocional do líder quase nunca é discutido no ambiente de trabalho, muito menos na literatura sobre liderança e desempenho. Para a maioria das pessoas, o "estado de espírito" parece ser um assunto muito pessoal. Ainda que os americanos possam ser escandalosamente francos ao tratar de questões íntimas – veja o que acontece em programas de entrevistas –, também somos dos mais limitados pela legislação. Não é possível sequer perguntar a idade de um candidato a emprego. Assim,

deres corporativos que parecem ter chegado a resultados sólidos apesar da liderança brutal. Os céticos citam Bill Gates, por exemplo, como um líder que se safa com um estilo áspero que em teoria deveria ser prejudicial à empresa.

Mas nosso modelo de liderança, que mostra a eficácia de estilos específicos em situações específicas, lança uma luz diferente sobre o comportamento supostamente negativo de Gates. (Nosso modelo é explicado em detalhes no artigo "Liderança que gera resultados", publicado no livro *Gerenciando pessoas*, de 2018, da série 10 Leituras Essenciais.) Gates é o líder orientado para resultados por excelência, em uma organização que escolheu a dedo pessoas talentosas e motivadas. Seu estilo de liderança aparentemente áspero – desafiando os funcionários a superar desempenhos anteriores – pode ser bastante eficaz quando esses indivíduos são competentes, motivados e precisam de pouca orientação – características comuns nos engenheiros da Microsoft.

Em resumo, é bastante fácil para um cético criticar a importância de líderes que administram o próprio humor ao citar um chefe rude e duro que chegou a resultados de negócios bons apesar de seu mau comportamento. Argumentamos, é claro, que existem exceções à regra e que, em alguns casos específicos, um chefe desagradável se dá bem. Mas, em geral, líderes rudes precisam mudar ou seu humor e suas atitudes acabarão levando-os a se dar mal.

uma conversa sobre o estado de espírito de um executivo ou a disposição que ele cria em seus funcionários pode ser interpretada como invasão de privacidade.

Também é possível que se evite falar sobre o estilo emocional de um líder e o impacto que causa porque, francamente, o assunto parece delicado. Quando foi a última vez que você levou em conta o estado de espírito de uma subordinada como parte de uma avaliação de desempenho? Pode ser que você tenha feito alguma alusão: "Seu trabalho é prejudicado por uma perspectiva frequentemente negativa" ou "Seu entusiasmo é excelente" – mas é pouco provável que tenha mencionado o humor, muito menos discutido seu impacto nos resultados da organização.

Sorria e o mundo sorrirá para você

Lembra-se desse clichê? Não está muito longe da verdade. Como mostramos, o contágio do humor é um fenômeno neurológico real, mas nem todas as emoções se alastram com a mesma facilidade. Um estudo de 1999 feito por Sigal Barsade na Yale School of Management mostrou que, entre grupos de trabalho, a alegria e a cordialidade se alastravam com facilidade, ao mesmo tempo que isso acontecia menos em relação à irritabilidade e menos ainda em relação à depressão.

Não deveria ser surpresa saber que a risada é a mais contagiante de todas as manifestações da emoção. Ao ouvir uma risada, é quase impossível não rir ou sorrir também. Isso porque alguns dos circuitos abertos de nosso cérebro são projetados para detectar sorrisos e risadas, fazendo-nos reagir do mesmo modo. Os cientistas teorizam que essa dinâmica foi inculcada em nosso cérebro eras atrás porque sorriso e risada cimentam alianças e assim ajudam a espécie a sobreviver.

Mas a principal implicação aqui, para líderes que assumem a tarefa primordial de administrar seu estado de espírito e o dos outros, é a seguinte: o bom humor acelera o alastramento de um clima positivo. Assim como a disposição do líder, porém, o humor precisa se afinar com a cultura e a realidade da organização. Acreditamos firmemente que sorrisos e risadas são contagiantes somente quando são genuínos.

No entanto, nossa pesquisa sem dúvida também vai suscitar uma reação do tipo "Mas é claro". Todo mundo sabe do peso do estado emocional do líder no desempenho, porque qualquer um já teve, uma vez ou outra, a experiência inspiradora de trabalhar para um gestor otimista e a experiência acachapante de estar subordinado a um chefe amargo. O primeiro fazia tudo parecer possível e, como resultado, objetivos extensos eram alcançados; concorrentes, esmagados; e novos clientes, conquistados. O segundo tornou o trabalho extenuante. No rastro do mau humor do chefe, outras áreas da organização se tornaram "o inimigo", colegas passaram a suspeitar uns dos outros e os clientes sumiram.

Nossa pesquisa e outras feitas por cientistas sociais confirmam a veracidade dessas experiências. (Há, claro, casos raros em que um chefe brutal produz resultados excelentes. Exploramos essa dinâmica no quadro da página anterior.) Há estudos demais para serem todos mencionados aqui, mas, no conjunto, eles mostram que, quando o líder está feliz, as pessoas à sua volta veem tudo sob uma luz mais positiva. Isso, por sua vez, as torna otimistas para atingir metas, melhora sua criatividade e a eficácia de seu processo de decisão e as predispõe a ajudar. Por exemplo, um estudo conduzido em 1999 por Alice Isen, de Cornell, revelou que um ambiente otimista promove a eficiência mental, fazendo com que as pessoas absorvam e compreendam melhor as informações, usem regras decisórias em julgamentos complexos e sejam flexíveis em seu modo de pensar. Outras pesquisas fazem uma ligação direta entre humor e desempenho financeiro. Em 1986, por exemplo, Martin Seligman e Peter Schulman, da Universidade da Pensilvânia, demonstraram que os corretores de seguros com uma visão de "copo meio cheio" eram muito mais capazes de persistir apesar das rejeições e, assim, fechar mais contratos, se comparados a seus companheiros mais pessimistas.

Muitos líderes responsáveis por criar um ambiente disfuncional por conta de seu estilo emocional acabam demitidos. (É claro, a razão oficial nunca é essa, e sim os maus resultados.) Mas não é preciso terminar assim.

Da mesma forma que é possível reverter o mau humor, é possível também reverter a disseminação dos sentimentos tóxicos vindos de um líder emocionalmente inepto. Uma olhada no cérebro explica por quê, quando e como.

A ciência do humor

Um volume crescente de pesquisas sobre o cérebro humano prova que, para o bem ou para o mal, a disposição dos líderes tem efeito sobre as emoções das pessoas a seu redor. O motivo disso está no que os cientistas denominam natureza de circuito aberto do sistema límbico do cérebro, nosso centro emocional. Um sistema em circuito fechado é autorregulado, ao passo que um sistema em circuito aberto depende de fontes externas para se administrar. Em outras palavras, nos apoiamos em conexões com outras pessoas a fim de determinar nosso humor. O sistema límbico em circuito aberto foi um projeto vencedor na evolução porque permitiu que

Fique feliz, mas com cautela

Bom humor estimula o bom desempenho, mas não faz sentido que um líder esteja alegre como um passarinho se as vendas estão despencando ou se o negócio está se desfazendo. Os executivos mais eficazes demonstram humores e comportamentos que se enquadram na situação do momento, com uma dose saudável de otimismo. Eles respeitam os sentimentos das pessoas, mesmo que o outro esteja cabisbaixo ou derrotado – mas também dão um exemplo de como avançar com esperança e humor.

Esse tipo de desempenho, que chamamos de ressonância, é, para todos os fins, o quarto componente da inteligência emocional em ação.

O autoconhecimento, talvez a competência mais essencial da inteligência emocional, é a capacidade de reconhecer as próprias emoções. Ele permite que as pessoas saibam quais são seus pontos fortes e suas limitações e se sintam confiantes sobre seu valor. Líderes ressonantes usam o autoconhecimento para aferir os próprios humores com precisão e intuitivamente saber como estão afetando os outros.

A autogestão é a capacidade de controlar emoções e agir com honestidade e integridade em termos confiáveis e adaptáveis. Líderes ressonantes não permitem que seu mau humor ocasional estrague o dia: eles usam a autogestão para deixá-lo do lado de fora do escritório ou para explicar sensatamente às pessoas o motivo a fim de que elas saibam de onde vem e quanto tempo pode durar.

A conscientização social inclui habilidades fundamentais como a empatia e a intuição organizacional. Executivos socialmente conscientes fazem mais do que detectar as emoções dos outros, eles demonstram que se importam. Além disso, são especialistas em compreender as nuances da política corporativa. Portanto, líderes ressonantes entendem em profundidade como suas palavras e ações fazem os outros se sentirem e são sensíveis o suficiente para modificá-las quando o impacto é negativo.

A gestão de relacionamento, a última das competências da inteligência emocional, inclui a capacidade de se comunicar com clareza e de modo convincente, desarmar conflitos e construir fortes laços pessoais. Líderes ressonantes usam essas habilidades para espalhar entusiasmo e resolver desentendimentos, frequentemente com humor e gentileza.

Apesar de a liderança ressonante ser eficaz, também é rara. A maioria das pessoas sofre nas mãos de líderes dissonantes, cuja disposição tóxica e cujos comportamentos desconcertantes armam o caos antes que um líder esperançoso e realista repare a situação.

Consideremos o que aconteceu em uma divisão experimental da BBC, a gigante da mídia inglesa. Apesar de todo o esforço de cerca de 200 jornalistas e editores, a administração resolveu desativá-la.

A decisão já era muito ruim, mas o modo brusco e controverso do executivo enviado para dar a notícia à equipe reunida incitou algo além da esperada frustração. As pessoas ficaram enraivecidas – com a notícia e com o mensageiro. Tanto o mau humor quanto o modo irritadiço usado para fazer o anúncio geraram uma atmosfera tão pesada que o executivo precisou chamar os seguranças para sair correndo da sala.

No dia seguinte, outro executivo fez uma visita à mesma equipe. Seu comportamento foi sóbrio e respeitoso. Ele falou da importância do jornalismo para manter a vitalidade da sociedade, assim como da vocação que levou todos ali a escolher essa profissão. Ele lembrou que ninguém entra no jornalismo para ficar rico – são poucas as compensações financeiras, a segurança no emprego é reduzida e fica ao sabor das ondas maiores da economia. Ele se recordou da época em que foi demitido e de como batalhou para encontrar um novo emprego – e mesmo assim continuou dedicado ao ofício. Finalmente, desejou sucesso a todos na carreira.

Qual foi a reação daqueles que formaram uma turba furiosa no dia anterior? Quando esse líder ressonante terminou de falar, os funcionários o aclamaram.

as pessoas se ajudassem em termos emocionais – garantindo que uma mãe, por exemplo, possa acalmar um filho aos prantos.

O design de circuito aberto continua a servir ao mesmo propósito há milhares de anos. Pesquisas feitas em unidades de tratamento intensivo mostraram, por exemplo, que a presença reconfortante de outra pessoa não apenas reduz a pressão sanguínea do paciente como também desacelera a secreção de ácidos graxos que bloqueiam as artérias. Em outro estudo descobriu-se que três ou mais incidentes de estresse ocorridos em um ano (por exemplo, por sérios problemas financeiros, demissão do emprego ou divórcio) triplicam a taxa de morte entre homens de meia-idade socialmente isolados, mas não têm impacto sobre a taxa de mortalidade de homens que mantêm relações com outras pessoas.

Os cientistas descrevem o circuito aberto como o "regulador límbico interpessoal"; um indivíduo transmite sinais que podem alterar os níveis hormonais, as funções cardiovasculares, os ritmos de sono e até mesmo as funções imunológicas no corpo de outro. É assim que os casais são capazes de desencadear ondas de oxitocina no cérebro um do outro, criando um sentimento agradável e afetuoso. Mas as fisiologias se misturam em todos os aspectos da vida social. O design de circuito aberto do sistema límbico permite que outras pessoas modifiquem nossa fisiologia e, assim, nossas emoções.

Apesar de o circuito aberto ter grande papel em nossa vida, normalmente não percebemos o processo. Os cientistas capturaram a sintonia de emoções em laboratório ao medir sinais fisiológicos – como o ritmo cardíaco, por exemplo – de duas pessoas durante uma conversa. No início da interação, os corpos operam em ritmos diferentes. Mas, depois de 15 minutos, os perfis fisiológicos parecem extraordinariamente similares.

Os pesquisadores já viram inúmeras vezes como as emoções se alastram de forma irresistível sempre que as pessoas estão próximas. Ainda em 1981, os psicólogos Howard Friedman e Ronald Riggio descobriram que mesmo expressões completamente não verbais podem afetar os outros. Por exemplo, quando três estranhos se sentam em frente uns aos outros em silêncio durante um ou dois minutos, aquele mais expressivo em termos emocionais transmite seu humor para os demais – sem que uma única palavra seja dita.

O mesmo acontece no escritório, na sala de reunião do conselho, na loja: membros de um grupo inevitavelmente "absorvem" os sentimentos uns dos outros. Em 2000, Caroline Bartel, da Universidade de Nova York, e Richard Saavedra, da Universidade de Michigan, descobriram que em 70 grupos de trabalho, em diversos setores, as pessoas acabavam compartilhando o humor – tanto o bom quanto o mau – durante as reuniões dentro de duas horas. Em um estudo, pediu-se que enfermeiros e contadores monitorassem o próprio humor durante algumas semanas. Os pesquisadores descobriram que as emoções se alinhavam e que esses sentimentos eram em larga medida independentes dos aborrecimentos compartilhados por cada grupo. Portanto os grupos, assim como as pessoas, passeiam numa montanha-russa emocional, compartilhando tudo, da inveja à angústia e à euforia. (Uma boa disposição, incidentalmente, se alastra com mais velocidade com o uso criterioso do humor. Para saber mais, veja o quadro "Sorria e o mundo sorrirá para você", na página 146.)

O humor de quem está no topo costuma se mover com mais rapidez porque todo mundo observa o chefe. Suas deixas emocionais são absorvidas. Mesmo quando o chefe não está sempre visível – por exemplo, o CEO que trabalha de portas fechadas em um andar superior –, sua atitude afeta aqueles que se reportam diretamente a ele e um efeito dominó se alastra por toda a empresa.

Chame um médico para o CEO

Se a disposição do chefe é tão importante, seria melhor que ele estivesse de bom humor, não? Sim, mas a resposta completa é um pouco mais complicada. O humor do líder tem maior impacto sobre o desempenho quando ele é positivo. Mas também precisa estar afinado com aqueles a seu redor. Chamamos isso de ressonância dinâmica (para saber mais a respeito, veja o quadro "Fique feliz, mas com cautela", na página 148).

Descobrimos que um número alarmante de líderes não sabe se tem ressonância na empresa. Eles sofrem da "doença do CEO"; o sintoma desagradável é a total ignorância sobre como sua disposição e suas ações são vistas pela empresa. Não é que os chefes não se importem com a maneira como são vistos; a maioria se importa. Mas assumem, de forma incorreta, que eles mesmos podem decifrar a informação. Pior que isso, acham que, se estão tendo um efeito negativo, alguém vai informá-los. Eles estão errados.

Como explica um dos CEOs que participaram de nossa pesquisa: "Com muita frequência sinto que não sei a verdade. Nunca consigo saber ao certo, porque ninguém está, na realidade, mentindo para mim, mas sinto que as pessoas estão escondendo informações ou camuflando fatos importantes. Não mentem, mas também não me contam tudo que preciso saber. Estou sempre tentando adivinhar."

Ninguém conta ao chefe a verdade absoluta sobre o impacto emocional que ele causa por vários motivos. Às vezes têm medo de dar más notícias – e ser demitidos. Há quem sinta que não é de sua alçada fazer comentários sobre algo tão pessoal. Outros ainda não percebem que o assunto sobre o qual realmente querem falar é o efeito do estilo emocional do chefe – isso parece muito vago. Seja qual for a razão, o CEO não pode esperar que os funcionários abram o jogo.

Faça um inventário

O processo de autodescoberta e reinvenção pessoal que recomendamos não é moderno nem nasceu da psicologia pop, como tantos programas de autoajuda oferecidos ao mundo corporativo hoje em dia. Pelo contrário, baseia-se em três correntes de pesquisa sobre como os executivos podem incrementar as habilidades de inteligência emocional mais intimamente ligadas à liderança eficaz. Em 1989, um de nós (Richard Boyatzis) começou a trabalhar com esse corpo de pesquisa a fim de projetar o processo de cinco passos, e, desde então, milhares de executivos o usaram com sucesso.

Diferentemente de outras formas de coaching, nosso processo se baseia na neurociência. As habilidades emocionais de uma pessoa – a atitude e as habilidades e capacidades com as quais alguém aborda a vida e o trabalho – não estão ligadas à genética, como a cor dos olhos ou da pele. Mas de alguma forma pode haver alguma relação, porque estão profundamente fincadas em nossa neurologia.

As habilidades emocionais humanas têm, na verdade, um componente genético. Os cientistas descobriram, por exemplo, o gene da timidez – que não é um tipo de humor *per se*, mas certamente pode levar alguém a adotar um comportamento persistentemente quieto, o que algumas vezes é considerado "depressivo". Outras pessoas são felizes de uma forma além do normal – isto é, sua alegria incessante parece anormal até conhecermos seus animados pais. Como explica um executivo: "Tudo que sei é que, desde que era bebê, sempre fui feliz. Algumas pessoas enlouquecem com isso, mas eu não conseguiria ficar triste nem se tentasse. E meu irmão é exatamente igual; ele tentou ver o lado bom da vida mesmo durante o divórcio."

Ainda que as habilidades emocionais sejam parcialmente congênitas, a experiência tem um papel importante no modo como os genes se expressam. Um bebê feliz que perde os pais ou que passa por abuso físico pode se tornar um adulto melancólico. Uma criancinha irritadiça pode se transformar em um adulto alegre depois de descobrir um hobby que a preencha. Ainda assim, a pesquisa sugere que nossa variedade de habilidades emocionais é relativamente firmada quando temos 20 e poucos anos e que os comportamentos que nos acompanham já são, por essa época, hábitos arraigados. E nisso está a fricção: quanto mais agimos de certa forma – seja feliz, deprimida ou irritadiça –, mais o comportamento se torna enraizado em nosso circuito cerebral e mais continuaremos a sentir e agir do mesmo modo.

É por isso que a inteligência emocional tem tanta importância para um líder. Um líder emocionalmente inteligente pode monitorar seus humores através do autoconhecimento, mudá-los para melhor pela autogestão, compreender seu impacto por meio da empatia e agir de modo a estimular os humores dos outros graças à gestão de relacionamento.

Ressonância em tempos de crise

Quando falamos sobre a disposição dos líderes, não é possível exagerar a importância da ressonância. Ao mesmo tempo que nossa pesquisa sugere que, em geral, eles deveriam transmitir positividade, seu comportamento precisa ter raízes na realidade, especialmente quando confrontados por uma crise.

Consideremos a reação de Bob Mulholland, vice-presidente sênior e dirigente do grupo de relacionamento com clientes da Merrill Lynch, na ocasião dos ataques terroristas em Nova York. Em 11 de setembro de 2001, Mulholland e sua equipe, sediados no Two World Financial Center, sentiram o edifício balançar e depois viram fumaça sair de um buraco imenso no prédio diretamente em frente ao deles. As pessoas entraram em pânico: algumas correram, frenéticas, de janela em janela. Outras ficaram paralisadas de medo. Aquelas com familiares que trabalhavam no World Trade Center se apavoraram, pensando em sua segurança. Mulholland sabia que precisava agir: "Quando existe uma crise, é preciso mostrar o caminho para as pessoas, passo a passo, e se assegurar de que está cuidando das preocupações delas."

Ele começou transmitindo informações de que as pessoas precisavam para sair do estado de paralisia. Descobriu, por exemplo, em quais andares trabalhavam parentes de seus funcionários e garantiu que teriam tempo suficiente para escapar. Depois acalmou os apavorados um por um. "Vamos sair daqui agora", disse, com calma, "e vocês vêm comigo. Não pelo elevador, pelas escadas." Ele permaneceu calmo e decidido, e no entanto não desdenhou das reações emocionais. Graças a ele, todo mundo escapou antes de as torres desabarem.

A liderança de Mulholland não terminou naquele momento. Ao reconhecer que o evento afetaria pessoalmente cada cliente, ele e sua equipe elaboraram um modo para que os consultores financeiros se conectassem com os clientes em nível emocional. Telefonaram para cada um e perguntaram: "Como está? Seus entes queridos estão bem? Como está se sentindo?" Como explica Mulholland: "Não havia como continuar a fazer os negócios de sempre. A primeira ordem do 'negócio' era fazer com que nossos clientes soubessem que realmente nos preocupávamos com eles."

Bob Mulholland desempenhou com coragem uma das tarefas emocionais mais fundamentais da liderança: ajudou a si mesmo e seus subordinados a encontrar sentido diante do caos e da loucura. A fim de conseguir isso, primeiro se sintonizou e então expressou a realidade emocional compartilhada. É por isso que a direção que acabou tomando ressoou nas pessoas. Seus atos e palavras refletiram o que todos tinham no coração.

O processo de cinco partes a seguir é projetado para reprogramar o cérebro de forma a acionar comportamentos mais inteligentes em termos emocionais. O processo começa ao imaginar seu eu ideal e daí a aceitar seu eu verdadeiro, como os outros o veem. O próximo passo é criar um plano tático para fazer a ponte entre o ideal e o real e, depois, pôr isso em prática. Finaliza com a criação de uma comunidade que inclui colegas e a família –

vamos chamá-los de executores da mudança –, a fim de manter o processo vivo. Vejamos os passos em detalhes.

"Quem eu quero ser?"
Sofia, gerente sênior de uma empresa de telecomunicações do Norte da Europa, sabia que precisava entender como sua liderança emocional afetava os outros. Sempre que se sentia estressada tinha a tendência de se comunicar mal e assumir o trabalho dos subordinados para que fosse feito da maneira "certa". Participar de seminários sobre liderança não mudou seus hábitos, tampouco a leitura de livros de gestão ou recorrer a mentores.

Quando Sofia nos procurou, pedimos que se imaginasse oito anos no futuro como líder eficaz e fizesse uma descrição de um dia típico. "O que estaria fazendo?", perguntamos. "Onde estaria morando? Quem estaria lá? Qual a sensação?" Nós a incitamos a considerar seus valores mais profundos e os sonhos mais sublimes e a explicar como esses ideais haviam se tornado parte de sua vida cotidiana.

Sofia se viu liderando a própria empresa com uma equipe de 10 colegas. Ela vivia uma relação franca com a filha e mantinha relacionamentos de confiança com os amigos e colegas de trabalho. E se via como uma líder e mãe descontraída e feliz, amorosa e capaz de delegar a todos a seu redor.

Em geral, Sofia tinha um baixo nível de autoconhecimento. Raramente era capaz de apontar por que tinha tantas dificuldades no trabalho e em casa. Tudo que conseguia dizer era: "Nada está funcionando direito." Esse exercício, que a incitou a imaginar como a vida seria se tudo estivesse dando certo, abriu seus olhos para os elementos que faltavam em seu estilo emocional. Ela conseguiu ver o impacto que tinha sobre as pessoas que faziam parte de sua vida.

"Quem sou agora?"
No próximo passo do processo de descoberta, você vê seu estilo de liderança do mesmo modo que os outros. Isso é difícil e perigoso, já que poucas pessoas têm estômago para dizer ao chefe ou a um colega como ele realmente é, porque tal informação pode atordoar ou mesmo paralisar. Um pouquinho de ignorância sobre si mesmo nem sempre é ruim: os mecanismos de defesa do ego têm suas vantagens. Pesquisas feitas por Martin Seligman mostram

que as pessoas muito produtivas geralmente se sentem mais otimistas acerca de suas perspectivas e possibilidades do que aquelas com desempenho médio. As lentes cor-de-rosa, na verdade, alimentam o entusiasmo e a energia que fazem com que o inesperado e o extraordinário sejam factíveis. O dramaturgo Henrik Ibsen chamava esse tipo de autoilusão de "mentiras vitais", inverdades reconfortantes que nos ajudam a encarar um mundo assustador.

Mas a autoilusão deve vir em doses bem pequenas. Os executivos nunca deveriam parar de buscar a verdade acerca de si mesmos, especialmente porque, de qualquer jeito, ela estará um tanto diluída quando a ouvirem. Um modo de descobrir a verdade é manter uma atitude aberta em relação às críticas. Outro é procurar o feedback negativo, até mesmo cultivar um colega ou dois para que façam o papel de advogado do diabo.

Também recomendamos que a pessoa reúna feedback do maior número de pessoas possível – inclusive chefes, pares e subordinados. Feedback de subordinados e pares é especialmente útil porque prevê com maior precisão a efetividade de um líder pelos próximos dois, quatro ou até sete anos, de acordo com pesquisa feita por Glenn McEvoy, da Utah State, e Richard Beatty, da Rutgers University.

É claro que o feedback de 360 graus não pede que as pessoas avaliem seu humor e suas ações e o impacto causado. Mas revela como você é visto. Por exemplo, quando as pessoas avaliam se você é um bom ouvinte, estão na realidade relatando como acham que você as escuta. Da mesma forma, quando o feedback de 360 graus provoca comentários sobre a eficácia de seus aconselhamentos, as respostas mostram se as pessoas sentem que você as compreende e se preocupa com elas ou não. Quando o feedback revela pontuação baixa em, digamos, abertura para novas ideias, isso significa que você é visto como inacessível, inatingível ou ambos. Em suma, tudo que é preciso saber sobre o impacto emocional que você causa encontra-se no feedback de 360 graus, se houver interesse.

Uma última observação sobre este segundo passo. Com certeza, é fundamental identificar suas fraquezas, mas focar apenas nelas pode ser desalentador. Por isso é tão ou até mais importante entender seus pontos fortes. Saber onde seu eu real se sobrepõe a seu eu ideal lhe dará a energia positiva de que precisa para seguir em frente até o próximo passo no processo – e preencher a lacuna.

"Como chegar lá?"

Assim que você descobre quem quer ser e faz a comparação com o modo como as pessoas o veem, é necessário formular um plano de ação. Para Sofia, isso significava conquistar uma melhoria real em seu nível de autoconsciência. Portanto, ela pediu feedback a cada membro de sua equipe – todas as semanas, de forma anônima e por escrito – sobre seu humor, seu desempenho e os efeitos que causava nas pessoas. Ela também se comprometeu a realizar três tarefas difíceis mas factíveis: passar uma hora por dia refletindo, em um diário, sobre seu comportamento, fazer aulas de dinâmica de grupo em uma faculdade local e procurar ajuda de um colega confiável, que servisse como um supervisor informal.

Vamos considerar também como Juan, executivo de marketing da divisão da América Latina de uma grande companhia de energia, completou esse passo. Juan foi encarregado de fazer a empresa crescer na Venezuela, seu país natal, assim como em toda a região – um trabalho que exigia que fosse conselheiro e visionário e que tivesse uma perspectiva encorajadora e otimista. No entanto, o feedback de 360 graus revelou que Juan era visto como intimidador e autocentrado. Muitos dos seus subordinados diretos o consideravam um resmungão – impossível de agradar quando estava em seus piores momentos e capaz de causar grandes desgastes emocionais em seus melhores dias.

Identificar esse descompasso permitiu que Juan bolasse um plano, com passos viáveis, para melhorar. Ele sabia que precisava aperfeiçoar seus poderes de empatia caso quisesse assumir o papel de orientador. Assim, se comprometeu a realizar diversas atividades para exercitar essa habilidade. Por exemplo, decidiu conhecer melhor cada um dos subordinados; se entendesse melhor quem eles eram, acreditava, teria mais capacidade de ajudá-los a atingir seus objetivos. Planejou encontrar cada um fora do ambiente de trabalho, onde pudessem ficar mais à vontade para revelar seus sentimentos.

Juan também procurou áreas fora do trabalho em que pudesse forjar as habilidades que lhe faltavam – por exemplo, treinar o time de futebol da filha e ser voluntário em um centro de crises local. Ambas as atividades o ajudaram a fazer experiências sobre como entendia os outros e a vivenciar novos comportamentos.

Vamos ver mais uma vez a neurociência em ação. Juan tentava superar comportamentos enraizados – sua abordagem de trabalho havia se estabelecido com o tempo, sem que percebesse. Conscientizar-se desses comportamentos era um passo fundamental para modificá-los. Quando passou a prestar mais atenção, as situações que surgiram – enquanto ouvia uma colega, treinava futebol ou falava ao telefone com alguém desesperado – se tornaram estímulos para abandonar velhos hábitos e tentar novas reações.

Esses estímulos para a mudança de hábitos são tanto neurais quanto de percepção. Pesquisadores da Universidade de Pittsburgh e da Carnegie Mellon mostraram que, enquanto nos preparamos mentalmente para uma tarefa, ativamos o córtex pré-frontal – a parte do cérebro que nos faz agir. Quanto maior a ativação prévia, melhor realizamos a tarefa.

Essa preparação mental se torna particularmente importante quando tentamos substituir um velho hábito por um melhor. Como descobriu o neurocientista Cameron Carter, da Universidade de Pittsburgh, o córtex pré-frontal se torna especialmente ativo quando uma pessoa se prepara para superar uma reação habitual. O córtex pré-frontal despertado direciona o foco do cérebro para o que está para acontecer. Sem esse despertar, a pessoa vai reencenar rotinas já testadas, mas indesejadas: o executivo que simplesmente não escuta vai interromper seu subordinado de novo; o líder grosseiro vai lançar outra onda de críticas agressivas, e assim por diante. É por isso que o programa de aprendizado é tão importante. Sem um, literalmente não temos o poder mental de mudar.

"Como faço para que a mudança perdure?"
Em resumo, mudanças duradouras exigem prática. De novo, o motivo está no cérebro. É necessário fazer e refazer, repetir uma vez e outra mais, a fim de abandonar hábitos neurais antigos. Um líder precisa ensaiar um novo comportamento até que se torne automático – isto é, até que o tenha dominado como aprendizado implícito. Somente então o novo circuito substituirá o antigo.

Embora o ideal seja pôr em prática os novos comportamentos, como fez Juan, às vezes visualizá-los já serve. Vejamos o caso de Tom, executivo que queria acabar com o descompasso entre seu eu real (visto por colegas e subordinados como frio e rígido) e seu eu ideal (visionário e conselheiro).

Em seu plano de aprendizado, Tom queria encontrar oportunidades de fazer uma pausa para orientar os subordinados em vez de pular no pescoço deles quando pressentia que estavam errados. Tom também começou a analisar, no caminho até o trabalho, como lidar com compromissos que teria ao longo do dia. Enquanto ia para uma reunião pela manhã com um funcionário que parecia estar atrapalhando um projeto, Tom visualizou um cenário positivo. Ele fazia perguntas e ouvia, a fim de se assegurar de que tinha compreendido totalmente a situação antes de tentar resolver o problema. Ao prever que ficaria impaciente, ensaiou como poderia lidar com esse sentimento.

Estudos feitos com o cérebro demonstram os benefícios da técnica de visualização de Tom: imaginar algo em detalhes vívidos pode acionar os mesmos neurônios que na verdade estão envolvidos em realizar a atividade. O novo circuito cerebral parece passar pelos mesmos passos, fortalecendo conexões, mesmo quando apenas repetimos a sequência em nossa cabeça. Assim, a fim de aliviar os medos associados com a tentativa de tomar caminhos mais arriscados de liderança, devemos antes visualizar alguns cenários similares. Isso fará com que nos sintamos menos esquisitos quando colocarmos as novas habilidades em prática.

Experimentar novos comportamentos e aproveitar oportunidades dentro e fora do trabalho para treiná-los – assim como o uso de métodos como o ensaio mental – por fim acaba acionando no cérebro as conexões neurais necessárias para que a mudança verdadeira ocorra. Mesmo assim, uma mudança duradoura não acontece somente através de experimentos e poder mental. Precisamos de uma ajudinha de nossos amigos.

"Quem pode me ajudar?"
O quinto passo no processo de autodescoberta e reinvenção é criar uma comunidade de pessoas que o apoiam. Por exemplo, gerentes da Unilever formaram grupos de aprendizado como parte do processo de desenvolvimento executivo. No começo, eles se reuniam para discutir a própria carreira e como estabelecer liderança. Porém, como também foram encarregados de discutir seus sonhos e objetivos de aprendizado, logo perceberam que estavam discutindo não apenas o trabalho, mas também sua vida pessoal. Desenvolveram uma sólida confiança mútua e começaram a se apoiar uns nos outros para ter feedback honesto enquanto se esforçavam para fortalecer sua capacidade de liderança. Quando isso acontece, o negócio ganha força através de um desem-

penho mais eficaz. Hoje em dia muitos profissionais criam grupos parecidos, e por bons motivos. Pessoas nas quais confiamos deixam que testemos, sem corrermos riscos, partes desconhecidas de nosso repertório de liderança.

Não podemos melhorar a inteligência emocional ou mudar o estilo de liderança sem ajuda de outros. Não somente nos exercitamos com outras pessoas, mas também nos apoiamos nelas para criar um ambiente seguro no qual seja possível fazermos experiências. Precisamos de feedback sobre como nossas ações afetam outros e como analisar nosso progresso no programa de aprendizado.

Na realidade, talvez paradoxalmente, no processo de aprendizado autodirigido tiramos partido de outros a cada passo do caminho – desde quando articulamos e refinamos nosso eu ideal e o comparamos com a realidade até a análise final que confirma nosso progresso. Nossos relacionamentos nos oferecem o próprio contexto no qual entendemos nosso progresso e compreendemos a utilidade do que estamos aprendendo.

Humor é o que importa

Quando dizemos que administrar nosso humor e o humor de nossos subordinados é tarefa de uma liderança primordial, certamente não queremos sugerir que isso é tudo que importa. Como observamos, nossas ações são fundamentais, e nossa disposição e nossas ações precisam estar em sintonia com a organização e com a realidade. Do mesmo modo, reconhecemos todos os outros desafios que os líderes precisam superar – da estratégia de recrutamento ao desenvolvimento de um produto. Tudo faz parte de um longo dia de trabalho.

Mas, quando consideradas em conjunto, as mensagens passadas pelas pesquisas neurológica, fisiológica e organizacional são surpreendentemente claras. Liderança emocional é a centelha que acende o desempenho da empresa, criando um fogo de sucesso ou uma paisagem de cinzas. O humor importa muito.

Publicado originalmente em dezembro de 2001.

Bônus

A maneira certa de desenvolver novos hábitos

James Clear e Alison Beard

Nota da edição: a transcrição desta entrevista em áudio (publicada originalmente em 31 de dezembro de 2019) foi levemente editada por uma questão de clareza.

Conversamos com James Clear, empreendedor e autor do livro Hábitos atômicos: um método fácil e comprovado de criar bons hábitos e se livrar dos maus, *sobre como o sucesso exige disciplina. Isso está presente na história de vários líderes bem-sucedidos, cada qual a seu modo. Pode ser que eles acordem às quatro da manhã todos os dias, leiam um livro por semana ou tenham um sistema bem estruturado para abordar clientes ou conduzir entrevistas.*

Muitos parecem ter ambições e ética de trabalho sobre-humanas. Mas há outra maneira de olhar para suas realizações: eles desenvolveram ótimos hábitos. Enquanto a maioria de nós escorrega em hábitos nocivos – cumpre primeiro as tarefas mais fáceis, toma decisões impulsivas, assiste à TV em vez de elaborar uma nova ideia ou não dorme o suficiente –, grandes realizadores estão seguindo um plano e obtendo melhores resultados na sua carreira e na sua vida.

Não importa se seu objetivo seja aprender uma nova habilidade, concluir um grande projeto ou participar de mais eventos de networking – em qualquer caso, Clear diz que há maneiras simples e fáceis de desenvolver hábitos melhores para chegar aonde se deseja.

No momento desta entrevista, estamos prestes a iniciar um novo ano; na verdade, uma nova década. O que você diria a quem toma resoluções de ano-novo e logo depois as abandona? Como essas pessoas podem se sair melhor?

Clear: Há muitas questões que envolvem a relação entre hábitos e resoluções. Vou abordar duas. A primeira é que costumamos começar com metas ou resoluções muito ambiciosas. Definir novos hábitos e comportamentos mais simples e factíveis é um jeito eficiente de aumentar as chances de manter seus objetivos durante todo o ano.

Chamo isso de "a regra dos dois minutos". Significa pegar qualquer hábito que você esteja tentando desenvolver e limitá-lo a algo que possa ser feito em até dois minutos. Assim, "ler trinta livros no ano que vem" se torna "ler uma página por dia". Ou "fazer ioga quatro dias por semana" se torna "estender meu tapetinho de ioga".

E às vezes as pessoas resistem um pouco a isso porque pensam: "Ok, mas eu sei que o objetivo real não é somente estender meu tapetinho de ioga; é fazer o exercício." Mas há uma verdade profunda sobre hábitos que certamente se aplica também a resoluções de ano-novo: o hábito primeiro deve ser estabelecido para então ser melhorado. Ele precisa se tornar o padrão na sua vida antes que você possa se preocupar em otimizá-lo ou ampliá-lo.

A segunda coisa é se concentrar mais na sua identidade do que no resultado. Boa parte das resoluções de ano-novo envolve quantos livros queremos ler, ou quanto peso queremos perder, ou quanto dinheiro extra gostaríamos de ganhar, e assim por diante. Na minha opinião, a pergunta mais útil é: "Que tipo de pessoa conseguiria alcançar esses resultados?"

Que tipo de pessoa poderia perder 10 quilos, por exemplo? Bem, talvez alguém que não falte às aulas da academia. Então o seu foco será desenvolver hábitos que reforcem essa identidade em vez de obter um resultado específico. Pode confiar: o resultado virá naturalmente se você agir todo dia como o tipo adequado de pessoa.

É curioso você mencionar o papel que a identidade desempenha nisso. Em seu livro, você escreve que nos limitamos dizendo coisas como: "Não sou uma pessoa matinal. Sou péssimo em lembrar nomes. Estou sempre atrasado. Não sou bom com tecnologia. Sou horrível em matemática."

E quase gargalhei quando li isso, porque digo tudo isso sobre mim mesma, ainda que saiba que acordar mais cedo, lembrar nomes, ser pontual ou ser boa em matemática e tecnologia faria de mim uma jornalista de negócios muito melhor. Como mudar essa mentalidade que tenho em relação a mim mesma?

A verdadeira importância dos hábitos talvez seja a capacidade que eles têm de mudar nossa narrativa interior. Eles podem mudar nossa autoimagem. Pode ser que você não se enxergue diferente nem adote por completo uma nova identidade da primeira vez que faz alguma coisa, ou da décima ou até mesmo da centésima vez. Mas a certa altura, quando continua praticando, você cruza um limiar invisível e começa a pensar "Ei, talvez eu seja uma pessoa estudiosa" ou "Espera aí, talvez eu seja organizado no fim das contas".

Toda ação que você pratica é como um voto para o tipo de pessoa que deseja se tornar. Assim, quanto mais você treina e executa hábitos, mais votos você dá para se tornar um tipo específico de pessoa, mais desenvolve esse corpo de evidências – e fica mais propenso a se dar conta de que "isto é o que eu realmente sou".

Acho que isso é que torna a minha abordagem um pouco diferente do que se costuma ouvir sobre mudança de comportamento, o velho "Finja até que se torne verdade". "Finja até que se torne verdade" é pedir que alguém acredite em algo positivo a seu respeito sem ter provas disso. E temos uma palavra para crenças que não têm provas: ilusão.

Em dado momento, seu cérebro passa a repudiar essa incompatibilidade entre o que você fica dizendo que é e o seu comportamento. Comportamentos e crenças são uma via de mão dupla, e devemos deixar que o comportamento conduza. Comece com uma flexão. Comece escrevendo uma frase. Comece meditando por um minuto.

Porque, pelo menos no momento em que estiver fazendo esse pequeno avanço, você não poderá negar que é uma pessoa que escreve, se exercita ou medita. E, a longo prazo, esse é o objetivo real. O objetivo não é correr uma maratona. O objetivo é se tornar um corredor. E, depois que começar a atribuir essas novas identidades a si mesmo, você nem mesmo precisará mudar seu comportamento. Estará somente agindo de acordo com o tipo de pessoa que enxerga em si mesmo. Portanto, creio que mudanças de comportamento verdadeiras são, na verdade, mudanças de identidade.

Como podemos aplicar isso em um contexto de trabalho? De que maneiras você viu hábitos ruins levarem pessoas ao fracasso e bons hábitos impulsioná-las ao progresso?

Bem, quando se trata de trabalho, acho que podemos separar os hábitos em duas categorias gerais. A primeira é o que podemos chamar de *hábitos de energia*. Por exemplo, bons hábitos de sono. Esse é um tipo de meta-hábito: quando você o incorpora, consegue executar melhor quase qualquer outro hábito. Por outro lado, se você não descansa direito, acaba prejudicando seu desempenho todos os dias.

Quase todo hábito ligado à saúde entra nessa categoria. Exercícios físicos, redução de estresse, dieta saudável, tudo isso está na categoria de hábitos de energia. Mas a segunda categoria, que talvez esteja mais diretamente relacionada à construção de conhecimento (que envolve informação e criatividade), é a que eu chamaria de *hábitos de atenção*.

Para quase todos nós – e certamente para os que trabalham com conhecimento – as ideias costumam estar onde depositamos nossa atenção. Assim, o que você lê e o que consome são os precursores dos pensamentos ou das ideias criativas e inovadoras que terá.

Aprimorando os seus hábitos de consumo, ou os seus hábitos de atenção, você pode melhorar drasticamente sua produtividade no trabalho. E todos vivemos em um mundo com uma enxurrada de informações. Portanto, editar, refinar, filtrar o seu *feed* de informações – as pessoas que você segue no Twitter, as fontes de notícias que escolhe ou os livros que lê – é uma decisão muito importante que determina a produtividade futura. Trata-se da bagagem que você está acumulando.

Mas há também outros hábitos que você pode desenvolver cujo propósito não seja acumular, mas eliminar. Trata-se de reduzir as distrações. Por exemplo, um hábito que adotei há mais ou menos um ano, e que pratico em cerca de 90% dos dias, é deixar meu celular em outro cômodo até a hora do almoço.

No meu home office, se eu deixar o telefone em cima da mesa, vou agir como todo mundo: vou checar o aparelho a cada três minutos só porque ele está ali perto. Quando o deixo em outro lugar da casa, nunca me levanto para pegá-lo, mesmo que esteja a apenas alguns passos de distância. E o que é sempre muito interessante para mim é a pergunta: "Eu queria mesmo fazer isso?" Por um lado, eu realmente queria muito conferir o celular a cada três minutos quando ele estava à mão. Por outro, não queria tanto assim a ponto de me levantar e caminhar até onde está.

Vemos muito disso com hábitos de tecnologia e conveniência na sociedade moderna – em especial com smartphones e aplicativos. As ações são tão fluidas, tão convenientes, tão simples, tão fáceis, que somos atraídos por elas ao menor impulso. O mais leve indício de vontade é o suficiente para nos desviar do nosso percurso.

Portanto, se você puder replanejar o seu ambiente – seja sua mesa no trabalho, seu escritório em casa, a bancada da cozinha – para tornar mais fáceis as ações boas e produtivas e mais difíceis aquelas que desviam sua atenção, creio que começará a ver seus hábitos de atenção migrar para áreas mais produtivas. Recapitulando, eu diria que você deve se concentrar em hábitos de energia e hábitos de atenção se deseja aumentar a sua produtividade no trabalho.

E quanto a hábitos de proatividade? Forçar a si mesmo a buscar mais clientes ou ir a mais eventos de networking... esse tipo de coisa?

Certamente ser mais proativo é uma parte importante da vida. Acho que é uma qualidade ótima de se ter. A linguagem que você usou quando disse "forçar a si mesmo" a buscar mais clientes ou "forçar a si mesmo" a ir a eventos de networking...

Motivar. Vamos dizer "motivar".

Claro. Eu acho que a palavra "motivar" se adéqua melhor ao que estamos discutindo. Há muitas maneiras de fazer isso ou de obter o mesmo resultado. Portanto, faça a si mesmo perguntas como: "Qual é o verdadeiro objetivo aqui? Como eu poderia tornar isso mais fácil? Como posso fazer isso sem me prejudicar?"

São perguntas importantes, não importa qual tarefa você esteja tentando realizar. Porque com o tempo a gente acaba descobrindo que muitos comportamentos nos atraem com mais facilidade, seja porque são agradáveis e convenientes, seja porque se alinham naturalmente com nossa personalidade ou nossos pontos fortes. Pode haver diversas razões. Mas acredito que, em geral, a abordagem correta é se concentrar nas coisas que atraem você naturalmente em vez de naquelas que você precisa impor a si mesmo.

Por exemplo, você mencionou networking. Com certeza ter uma forte rede de contatos é uma coisa muito importante e poderosa no ambiente de trabalho moderno. Mas, para pessoas mais introvertidas, que não se sentem bem socializando, ir a um evento de networking é um pesadelo.

A boa notícia é que vivemos em uma época na qual há muitas maneiras de fazer networking. A estratégia mais eficaz é realizar um ótimo trabalho e depois compartilhá-lo publicamente, seja escrevendo um artigo interessante, gravando um podcast ou criando um vídeo para o YouTube. O que quer que seja, simplesmente faça algo interessante e o divulgue para o mundo. Isso se transforma em um ímã para pessoas que pensam como você e se interessam pelas mesmas coisas. Essa é uma forma muito mais poderosa de networking do que ir a um coquetel.

Meu ponto é que, fazendo aquelas perguntas ("Qual é o verdadeiro objetivo? Como posso tornar isso mais fácil? Como posso fazer isso sem me prejudicar?"), você muitas vezes descobre que há caminhos alternativos interessantes para obter um resultado específico.

Falando sobre pôr a mão na massa e escrever algo ou trabalhar no nosso projeto mais importante, de que maneira podemos nos motivar a fazer esse trabalho primeiro, a dedicar o máximo de tempo a ele?

Conto uma história em *Hábitos atômicos* sobre Twyla Tharp, uma famosa coreógrafa e professora de dança. Ela apreciava os bons hábitos e manteve várias rotinas excelentes ao longo da carreira. Por exemplo, exercitar-se por duas horas na academia todas as manhãs. Mas ela sempre diz que o hábito não é o treino na academia. O hábito é chamar o táxi em frente ao prédio onde mora.

Isso é muito instrutivo para qualquer pessoa que queira fazer esse tipo de trabalho importante que você menciona. Como posso me concentrar na área de maior importância ou na melhor utilização do meu tempo? A resposta é fazer do hábito um ponto de partida, e não o ponto de chegada. Veja os seus hábitos como se fossem a rampa de acesso a uma autoestrada.

Quais são as coisas produtivas às quais eu deveria estar dedicando tempo? Quais são as tarefas mais importantes? Faça o caminho inverso e tente encontrar o ponto de partida. Depois que descobre como são os dois primeiros minutos desse processo e as maneiras de automatizá-lo – chamar o táxi, por exemplo –, o que você fará no restante do tempo vai se encaixar automaticamente.

Você escreve sobre a estratégia que Victor Hugo desenvolveu para conseguir se sentar e escrever.

Victor Hugo é um escritor muito famoso, publicou muitos livros, mas dizem que, quando assinou o contrato para escrever *O corcunda de Notre Dame*, ele recebeu o adiantamento e depois fez o que muitos de nós fazemos: passou o ano seguinte procrastinando. Ele recebia amigos para jantar. Viajava. Saía para comer. Basicamente fez tudo menos trabalhar no livro.

E ele nem tinha tanta tecnologia para distraí-lo.

Isso mesmo. Acho que a gente simplesmente busca usar nosso tempo de maneira mais divertida, gratificante e prazerosa, independentemente da época.

Em algum momento o editor ficou sabendo daquilo e disse a Hugo: "Não é possível continuar desse jeito. Ou você termina o livro em seis meses, ou pediremos o dinheiro de volta." Diante desse ultimato, Hugo levou um empregado aos seus aposentos e os dois guardaram todas as roupas do escritor em um grande baú, que foi trancado e retirado da casa. Só sobrou um roupão.

De repente ele não tinha mais nenhuma roupa adequada para receber convidados. Nenhuma roupa adequada para viajar. Nenhuma roupa adequada para sair para comer. Ele basicamente se colocou em prisão domiciliar e isso deu certo. Escreveu o livro em cinco meses e meio e o entregou duas semanas antes do prazo final.

Hoje pesquisadores se refeririam a isso como um "recurso de comprometimento". Acho que recursos de comprometimento são poderosos, porque podem tornar hábitos mais atraentes. Digamos que você vá se deitar hoje à noite e pense consigo mesmo: "Muito bem, de amanhã não passa. Vou acordar e correr bem cedinho." E então amanhece, a sua cama está quente, faz frio lá fora e você pensa: "Acho que vou só tirar uma soneca mesmo."

No entanto, se você voltar um dia no tempo e enviar uma mensagem de texto para um amigo dizendo "Oi, espero você no parque amanhã às 6h15 para correr", bem, agora amanhece, a sua cama continua quente, lá fora continua frio, mas, se você não se levantar e for correr, será um idiota porque terá deixado o seu amigo sozinho no parque. De repente você tornou o hábito de dormir até mais tarde menos atraente e o de se levantar para correr bem cedo mais agradável.

Certo, então com isso damos o primeiro passo. Facilitamos nosso ponto de partida, de preferência todas as manhãs. Mas como alcançamos um progresso mais significativo, mais visível, a partir daí?

Chega uma hora em que você quer progredir. É o que eu chamo de *gradação de hábito*. Você quer passar para o próximo nível. Minha regra geral é tentar melhorar 1% a cada dia. Do mesmo modo que dinheiro se multiplica por meio de juros compostos, os efeitos dos seus hábitos se multiplicam com a repetição. Gosto de dizer que hábitos são os juros compostos do autodesenvolvimento.

Vejamos o hábito da leitura, por exemplo. Ler um livro não fará de você um gênio. Mas, se você desenvolver o hábito de ler todos os dias, então não somente conseguirá terminar um livro após outro como também terá uma nova perspectiva acerca de todos os outros livros que leu anteriormente sempre que terminar uma nova leitura.

E quanto mais pontos de conexão você for estabelecendo, mais perspectivas vai acumular. É um conhecimento que se retroalimenta. Muitos hábitos são assim. Por exemplo, trabalhar dez minutos a mais todo dia: seja ligando para mais um cliente em potencial, ou enviando mais um e-mail, ou revisando as avaliações que fez, ou melhorando alguma tarefa. Trabalhar dez minutos a mais em um dia não é muito. Mas a diferença entre alguém que não faz isso e alguém que faz durante uma carreira de trinta anos pode ser surpreendente. Uma ligação adicional por dia para um possível cliente pode representar muita coisa no decorrer de anos e décadas.

Se você tem bons hábitos, o tempo se torna seu aliado. Você só precisa ser paciente. Só precisa deixar que os "juros compostos" trabalhem a seu favor. Se, por outro lado, você tem maus hábitos, o tempo se torna seu inimigo. E a cada dia que passa você cava um buraco um pouco mais fundo, afasta-se um pouquinho mais da linha de chegada.

Isso também faz parecer que a progressão é linear, e você defende com muita veemência que não é. Haverá momentos de estagnação, de retrocesso. Você fala de vales e planaltos. Portanto, como lidar emocionalmente com isso e continuar progredindo?

Essa é uma excelente questão. A parte emocional é de fato muito relevante. Ouço muito dos meus leitores "Estou correndo há um mês, então por que não vejo nenhuma mudança no meu corpo?" ou "Estou trabalhando em um romance há cinco meses e meio, mas o esboço ainda está confuso. Será que nunca vou conseguir terminá-lo?".

Quando você está no meio do caminho, imerso no trabalho, é fácil se sentir dessa maneira. Por isso gosto de comparar o processo de desenvolver hábitos com o processo de aquecer um cubo de gelo. Digamos que você entre em uma sala e ela esteja bem fria, a -5 °C, por exemplo. Sua respiração até vira fumacinha. Há um cubo de gelo sobre a mesa à sua frente. Você começa a aquecer a sala aos poucos: 4, 3, 2 graus negativos. O cubo de gelo continua ali. Quando você passa de 1 grau negativo para 0 grau, uma mudança em nada diferente de todas as outras variações anteriores de um grau, o cubo de gelo derrete.

Muitas vezes é assim que se dá o processo de desenvolver hábitos melhores e obter resultados mais significativos. Você faz a sua parte todos os dias e vai melhorando gradativamente. Está ficando 1% melhor. Mas ainda não é o resultado que está buscando. As recompensas estão demorando.

É aí que você sente vontade de desistir, mas desistir depois de praticar um hábito por um mês, por três meses, por seis meses, é meio como reclamar de aquecer um cubo de gelo de -5 °C para -1 °C e ele ainda não estar derretendo. Não é que o trabalho esteja sendo desperdiçado – ele só está sendo armazenado. E a vontade de manter o hábito é importante.

Eu gosto muito do time de basquete San Antonio Spurs, que conquistou cinco torneios da NBA. No vestiário tem um quadro que resume bem essa filosofia. É algo assim: "Sempre que tenho vontade de desistir, penso no trabalhador que pega a sua marreta e golpeia 100 vezes uma pedra sem que nem mesmo uma rachadura apareça. Então, na centésima primeira marretada, a pedra se parte ao meio. E sei que não foi o centésimo primeiro golpe que fez isso, mas todos os 100 que o antecederam."

Para mim, esse é o tipo correto de abordagem em relação aos hábitos. Não é a última frase que compõe um romance; são todas as que vieram antes. Não é o último treino que deixa seu corpo em forma; é a soma de todos os anteriores. E, se você estiver disposto a continuar fazendo sua parte, a continuar marretando a pedra, a continuar aumentando aquela energia potencial, sabendo que ela não está sendo desperdiçada, e sim armazenada, então talvez consiga encarar a batalha emocional de desenvolver hábitos melhores e, por fim, obter as recompensas acumuladas.

Sei que você era atleta, não um jogador de basquete, mas de beisebol. É claro que no meio esportivo é preciso desenvolver bons hábitos e rotinas. Você faz musculação todos os dias. Fica mais forte com o tempo. Pratica 100 saques todo dia para aumentar sua precisão. Mesmo que estacione um pouco ou regrida, você vê esse progresso. Mas isso parece muito mais difícil em um contexto de trabalho, no qual a correlação entre o esforço investido e a recompensa é menos clara.

O principal insight aqui é: queremos que o feedback seja visível e rápido. Acho isso tão importante que, em *Hábitos atômicos*, trato da "regra cardinal da mudança de comportamento", que é a seguinte: comportamentos que são recompensados imediatamente são repetidos. Comportamentos que são punidos imediatamente são evitados.

No esporte, por exemplo, assim que você saca, você sabe se o saque foi preciso ou não. Foi dentro ou fora? Esse feedback rápido permite que você faça um pequeno ajuste da próxima vez. E então você segue repetindo esse saque e obtendo um feedback quase instantâneo.

Mas no ambiente de trabalho moderno, especialmente em grandes corporações, o feedback chega com muito atraso. Ele é meio nebuloso. É muito difícil ver como estamos contribuindo para os resultados ou para a produção.

Uma lição a ser aprendida com isso é que uma das sensações mais motivadoras para o cérebro humano é a de progresso. Você pode escolher qualquer parâmetro na sua vida para analisar esse avanço. No meu negócio, toda sexta-feira faço um balanço das minhas métricas principais: faturamento, despesas, lucro, etc.

Meu pai gosta de nadar, por exemplo. Sempre que sai da piscina, o corpo dele parece o mesmo de quando entrou. Não há nenhum feedback visual. Então ele pega uma agendinha de bolso e marca um "X" naquele dia. É algo muito pequeno, mas é um indício de progresso, um sinal de que ele fez a coisa certa naquele dia.

Isso também revela uma lição que muitos gestores ou empreendedores podem usar: que o ritmo do feedback, o ritmo da mensuração, seja condizente com a frequência do hábito.

E se eu tiver um objetivo grandioso, como me tornar um gestor melhor? De que maneira decomponho isso nos passos menores que você descreveu?

Eu começaria dizendo: "Certo, quero ser um gestor melhor. Que bom, é um ótimo objetivo. O que um gestor melhor faz? Como ele se comporta diariamente? Quais são seus hábitos? Que tipo de pessoa poderia ser um gestor melhor?"

Então você começa a ouvir suas respostas, como: "Ah, um gestor melhor faz elogios todos os dias." Com isso talvez você desenvolva o hábito de dizer algo positivo à sua equipe antes de cada reunião. Ou: "Ah, um gestor melhor é um exemplo a ser seguido e reflete a cultura da empresa. Nossa empresa valoriza muito a transparência, então agora preciso desenvolver o hábito de fazer algo transparente todos os dias, ou toda semana, ou em cada conversa individual. Talvez eu comece cada conversa compartilhando um detalhe sobre minha vida pessoal para demonstrar abertura e incentivar meus funcionários a fazer o mesmo." Você começa a ver a quais comportamentos a identidade [de um gestor melhor] está associada e a partir daí pode se concentrar em algo mais concreto. Você pode focar em desenvolver esses hábitos em vez de ficar preso na mentalidade redundante de "Eu só quero ser um gestor melhor", que não leva a nada realmente palpável.

Então por que bons hábitos parecem tão difíceis de desenvolver e fáceis de abandonar, enquanto hábitos ruins parecem tão fáceis de desenvolver e difíceis de abandonar?

Pensei muito sobre isso quando estava trabalhando em *Hábitos atômicos*. Acho que essa pergunta pode revelar muito sobre o que estamos dispostos a fazer para desenvolver um hábito bom ou abandonar um ruim.

Digamos que queiramos desenvolver bons hábitos. Podemos começar perguntando por que os hábitos ruins são adquiridos tão prontamente. O que você descobre é que eles têm diversas qualidades. A primeira qualidade que hábitos ruins costumam ter é serem muito óbvios. Por exemplo, digamos que comer em um restaurante de fast-food seja um hábito que você quer evitar.

Bem, nos Estados Unidos é difícil dirigir por mais de 15 minutos sem passar por até 10 restaurantes de fast-food. Essa é uma lição que podemos incorporar e aplicar aos nossos hábitos bons. Se você quer que um hábito bom seja de fato incorporado, deve fazer dele uma parte significativa do seu ambiente.

Outra qualidade que hábitos ruins costumam ter é serem muito convenientes, e essa é uma grande razão para aderirmos tanto a eles. Por isso, se você quiser que seus hábitos bons sejam incorporados, eles precisam ser o mais fáceis e convenientes possível.

Outra qualidade dos hábitos ruins é que o benefício costuma ser imediato e o custo é geralmente adiado. Com bons hábitos costuma acontecer o inverso. Por exemplo, o benefício de ir à academia por uma semana não é muito claro. No máximo seu corpo ficará dolorido, mas você não mudou realmente. Você parece igual no espelho. O peso na balança está praticamente inalterado. Somente se aderir a esse hábito por um, dois ou três anos você obterá o resultado que deseja.

Portanto, existe essa lacuna. No caso de hábitos bons, existe uma espécie de vale da morte logo no início. Você começa a praticá-los, mas não obtém as recompensas imediatas que esperava. Por outro lado, com hábitos ruins você tem uma satisfação imediata, mas eles acabam prejudicando você a longo prazo.

Você paga o preço dos seus hábitos bons no presente. Já o preço dos seus hábitos ruins você paga no futuro. O fato de hábitos ruins se formarem com mais facilidade do que os bons tem muito a ver com essa lacuna no tempo e na recompensa.

Publicado originalmente em 31 de dezembro de 2019.
HBR IdeaCast, episódio 716

Autores

TERESA M. AMABILE ocupa a cátedra Edsel Bryant Ford de professora de administração da Faculdade de Administração de Harvard. Ela pesquisa o que torna as pessoas criativas, produtivas, felizes e motivadas no trabalho. É coautora de *O princípio do progresso*.
ALISON BEARD é editora sênior da *Harvard Business Review*.
JULIAN BIRKINSHAW é professor na London Business School. Seu livro mais recente é *Fast/Forward: Make Your Company Fit for the Future*.
RICHARD E. BOYATZIS é professor do Departamento de Comportamento Organizacional, Psicologia e Ciência Cognitiva da Faculdade de Gerenciamento Weatherhead e professor emérito da Universidade Case Western Reserve. É cofundador do Coaching Research Lab e coautor de *Helping People Change* (HBR Press, 2019).
BRIANNA BARKER CAZA é professora associada de gerenciamento da Faculdade Bryan de Administração e Economia da Universidade da Carolina do Norte em Greensboro.
JAMES CLEAR é escritor e palestrante. É autor do best-seller *Hábitos atômicos*.
JORDAN COHEN é vice-presidente de desenvolvimento de talentos, aprendizado e capacitação da MediaMath. Também atua como conselheiro da firma de treinamento em gestão LifeLabs Learning.
EDWARD T. COKELY é professor de psicologia da Universidade de Oklahoma e cofundador do corpo docente do National Institute for Risk & Resilience.
JAY A. CONGER ocupa a cadeira Henry R. Kravis de professor de estudos de liderança da Faculdade Claremont McKenna. É coautor do livro *The High Potential's Advantage* (HBR Press, 2018).
PETER F. DRUCKER foi um consultor, educador e autor americano nascido na Áustria cujos textos contribuíram para os fundamentos filosóficos e práticos da corporação de negócios moderna. Também foi um líder no

desenvolvimento do ensino em gestão e inventou o conceito conhecido como gerenciamento por objetivos. Foi descrito como "o fundador da gestão moderna".

JANE DUTTON ocupa a cátedra Robert L. Kahn de professora emérita de administração de negócios e psicologia da Faculdade Ross de Administração da Universidade de Michigan. É cofundadora do Centro de Organizações Positivas da faculdade.

SCOTT K. EDINGER, fundador da Edinger Consulting, é coautor de *The Hidden Leader* e *The Butterfly Effect*. Siga Scott no Twitter @ScottKEdinger ou no LinkedIn.

K. ANDERS ERICSSON foi um psicólogo sueco, acadêmico emérito Conradi e professor de psicologia da Universidade Estadual da Flórida. Era reconhecido internacionalmente como pesquisador da natureza psicológica da expertise e do desempenho humano.

SYDNEY FINKELSTEIN ocupa a cadeira Steven Roth de professor de gerenciamento da Faculdade Tuck de Administração da Darthmouth College. É autor de *The Superbosses Playbook* e anfitrião do podcast *The Sydcast*. Conecte-se com ele no Twitter @sydfinkelstein.

JOSEPH R. FOLKMAN é presidente da Zenger Folkman, empresa de consultoria de desenvolvimento de liderança. É coautor do livro *The New Extraordinary Leader*. Conecte-se com Joe no Twitter @joefolkman.

DANIEL GOLEMAN, mais conhecido por seus textos sobre inteligência emocional, é codiretor do Consórcio para Pesquisas sobre Inteligência Emocional em Organizações da Universidade Rutgers. Sua obra mais recente é *Building Blocks of Emotional Intelligence*, com 12 compêndios sobre cada uma das competências da inteligência emocional e treinamento nas competências por meio de uma plataforma de aprendizado on-line, Emotional Intelligence Training Programs. Seus outros livros incluem *Inteligência emocional: A teoria revolucionária que define o que é ser inteligente* e *Foco: A atenção e seu papel fundamental para o sucesso*.

HEIDI GRANT é uma psicóloga social que pesquisa, escreve e faz palestras sobre a ciência da motivação. É diretora de pesquisas e desenvolvimento de aprendizado da EY Americas. Seu livro mais recente é *Reinforcements*. Também é autora de *9 atitudes das pessoas bem-sucedidas* e *No One Understands You and What to Do About It*.

EMILY HEAPHY é professora assistente de gestão da Faculdade Isenberg de Gerenciamento da Universidade de Massachusetts Amherst.

LINDA A. HILL ocupa a cadeira Wallace Brett Donham de administração de negócios da Faculdade de Administração de Harvard. Ela é a autora de *Aprender a ser gestor* e coautora de *Being the Boss* e *Collective Genius*.

STEVEN J. KRAMER é psicólogo e pesquisador independente. É coautor de *O princípio do progresso*.

ELLEN LANGER é professora de psicologia na Universidade Harvard e fundadora do Langer Mindfulness Institute. Tem sido descrita como a "mãe da atenção plena" e foi agraciada com uma bolsa de estudos Guggenheim e três Distinguished Scientist Awards, além do World Congress Award, o NYU Alumni Achievement Award e o Staats Award para Psicologia Unificadora.

ANNIE MCKEE é professora sênior da Faculdade de Pós-graduação em Educação da Universidade da Pensilvânia e diretora do Programa de Doutorado Executivo da Penn CLO. É autora de *How to Be Happy at Work* e coautora de *Primal Leadership, Resonant Leadership* e *Becoming a Resonant Leader*.

MICHAEL J. PRIETULA é professor da Faculdade de Administração Goizueta da Universidade Emory e acadêmico pesquisador visitante do Instituto de Cognição Humana e de Máquinas em Pensacola, na Flórida.

ROBERT QUINN é professor emérito da Faculdade Ross de Administração da Universidade de Michigan e cofundador do Centro de Organizações Positivas da faculdade.

DOUGLAS A. READY é palestrante sênior da Faculdade Sloan de Gerenciamento do MIT e fundador e presidente da ICEDR.

LAURA MORGAN ROBERTS é professora de práticas da Faculdade Darden de Administração da Universidade da Virgínia e coeditora de *Race, Work, and Leadership: New Perspectives on the Black Experience* (HBR Press, 2019).

GRETCHEN SPREITZER ocupa a cadeira Keith E. e Valerie J. Alessi de professora de administração de negócios da Faculdade Ross de Administração da Universidade de Michigan, onde é membro central do corpo docente do Centro de Organizações Positivas.

JOHN H. ZENGER é CEO da Zenger Folkman, empresa de consultoria de desenvolvimento de liderança. É coautor de *The New Extraordinary*. Conecte-se com Jack no Twitter @jhzenger.

CONHEÇA OS TÍTULOS DA *HARVARD BUSINESS REVIEW*

10 LEITURAS ESSENCIAIS

Desafios da gestão
Gerenciando pessoas
Gerenciando a si mesmo
Para novos gerentes
Inteligência emocional
Desafios da liderança
Lições de estratégia
Gerenciando vendas
Força mental
Alto desempenho

UM GUIA ACIMA DA MÉDIA

Negociações eficazes
Apresentações convincentes
Como lidar com a política no trabalho
A arte de dar feedback
Faça o trabalho que precisa ser feito
A arte de escrever bem no trabalho
Como lidar com o trabalho flexível

SUA CARREIRA EM 20 MINUTOS

Conversas desafiadoras
Gestão do tempo
Reuniões objetivas
Feedbacks produtivos

Para saber mais sobre os títulos e autores da Editora Sextante,
visite o nosso site e siga as nossas redes sociais.
Além de informações sobre os próximos lançamentos,
você terá acesso a conteúdos exclusivos
e poderá participar de promoções e sorteios.

sextante.com.br